U0581626

【中国人格读库】

国家新闻出版广电总局
培育和践行社会主义核心价值观主题出版重点出版物

石达开传

高占祥　主编

张钰钗　著

北京时代华文书局

图书在版编目（CIP）数据

石达开传 / 张钰钗著 . -- 北京：北京时代华文书局，2015.8（2022.3 重印）
（中国人格读库 / 高占祥主编）
ISBN 978-7-5699-0559-5

Ⅰ．①石… Ⅱ．①张… Ⅲ．①石达开（1831～1863）－传记 Ⅳ．① K825.2

中国版本图书馆 CIP 数据核字（2015）第 225849 号

石达开传
SHI DAKAI ZHUAN

主　　编｜高占祥
著　者｜张钰钗

出 版 人｜陈　涛
责任编辑｜邢　楠
装帧设计｜程　慧　赵芝英
责任印制｜訾　敬

出版发行｜北京时代华文书局 http://www.bjsdsj.com.cn
　　　　　北京市东城区安定门外大街 138 号皇城国际大厦 A 座 8 楼
　　　　　邮编：100011　电话：010-64267955　64267677
印　　刷｜三河市嵩川印刷有限公司　0316-3650395
　　　　　（如发现印装质量问题，请与印刷厂联系调换）
开　　本｜787mm×1092mm　1/16　印　张｜10.5　字　数｜100 千字
版　　次｜2016 年 1 月第 1 版　印　次｜2022 年 3 月第 3 次印刷
书　　号｜ISBN 978-7-5699-0559-5
定　　价｜38.00 元

版权所有，侵权必究

《中国人格读库》编委会

主　　任：高占祥

编　　委：陈伟文　连瑞谦　刘晓红　刘艳华

　　　　　谢锡文　杨迎会　杨红卫　杨廷玉

　　　　　杨志刚　张广海　周殿富

社会主义核心价值观与中国人格

周殿富

社会主义制度在中国已经建立了六十余年，而我们党则在本世纪初叶提出了培育弘扬社会主义核心价值观的重大课题，显然是其来有自。

社会主义的道德风尚在新中国蔚然兴起，曾经那样地风靡于二十世纪中叶。邓小平同志曾经在改革开放中讲过，当年"这种风气不仅是中国历史上从来没有过的，而且受到了世界人民的赞誉"。然而可惜的是，这个在社会主义制度建立与实践中，同步兴起的社会主义道德风尚的成长道路，却是一波四折。半个多世纪以来，它先是与共和国一道遭受了十年"文革"的浩劫；接着便是全党工作重心转移到改革开放进程中，欧风美雨"里出外进"的浸洗濡染；再接着是西方"和平演变"在东欧得手的强烈震荡与冲击；最后又是市场经济中那两只"看不见的手"在搅动着、嬗变着人们的价值取向。至少在国民中出现了价值观上的多层次化，传统美德的弱化，社会道德文明水准的退化，光荣革命传统的淡化，这也许正是中央在本世纪初提出社会主义核心价值观的原因吧。

不管怎么"变"，怎么"化"，当我们回首来时路，却不能不说，中华民族真的很强大，很值得骄傲。人类经历了几千年的文明进程，堪称世界文化之源的"五大文明古国"，其他四大古国文明都已被历史淘汰灭亡，只有中国成了唯一的延续存在。近现代即使那般的积贫积弱，被西方列强豆剖瓜分、弱肉强食，想亡我中华都不可能，就连最强大的美帝国主义，最凶残的日本军国主义都成为我们的手下败将，而且打出了一个新中国，且跨过整整一个历史阶段，直接进入了社会主义。西方敌对势力几十年不遗余力地对新中国百般围剿，"冷战""热战""和平演变"手段用尽，连如此强大的前苏联乃至整个苏东阵营都被瓦解了，而社会主义的旗帜仍旧在960万平方公里的土地上高高飘扬，而且昂首挺胸地屹立在世界的东方，中国真的是太强大了。几十年来的瞩目成就，竟然令西方发出了"中国威胁论"。你管他别有用心也好，言过其实也好，总比让别人说我们是"瓷器"，是"东亚病夫"好吧？1840~1949年的一百零九年间，中国尽受别人的欺负、"威胁"了，我们也能让那些昔日列强有点"威胁感"，又有什么不好？更何况这是他们自己说的啊！我们并没吹嘘，也没有去做。几千年来我们侵略过谁呢？"反战""非攻""兼相爱，交相利"，中国古有墨子，近有周恩来、邓小平同志。这也是中华民族固有传统美德的延续吧！

生于忧患，死于安乐，这也当是中华民族的一个传统美德吧？几十年来尽管中国如此繁荣兴旺，但从邓小平生前一直到党的"十八大"以来，无论哪一届中央领导集体，从来都没有忘记过国之忧患。忧在何处，患在何处呢？

二十世纪八十年代末，邓小平同志曾经在半年的时间内四次提到：中国改革开放十年最大的失误在教育，在"对青年的政治思想教育抓得不够""对人民的教育不够"，足见他的痛心疾首。他晚年时又提到了"国格"与"人格"的问题，讲道："谈到人格，但不要忘记还有一个国格。特别是像我们这样第三世界的发展中国家，没有民族自尊心，不珍惜自己民族的独立，国家是立不起来的。"

（精装版《邓小平文选》第3卷331页。）

人们很少注意到邓小平的这一段话，但邓小平恰恰是在这里把"国格""人格"提升到了事关"立国"的高度。

那么，什么是我们社会主义的"国格"呢？邓小平讲得很明白："民族自尊心""民族的独立"。

新中国一路走来，我们最大的尊严便是完全靠"自力"，靠"艰苦奋斗"，而达"更生"之境。对西方敌对势力的"冷战""热战""和平演变"，我们何曾有过屈服？也正是在这一前提下，我们才有真正的"民族独立"。这就是我们的国格。那么什么是我们中国人的人格呢？邓小平同志在这里没有讲，但他在1978年4月22日召开的全国教育工作会议上的讲话中，在讲到我们的教育培养目标时，至少提到与社会主义人格相关的各个方面：革命的理想，共产主义的品德，勤奋学习，严守纪律，艰苦奋斗，努力上进，爱祖国，爱人民，爱劳动，爱科学，爱护公共财产，助人为乐，英勇对敌，集体主义精神，专心致志地为人民工作，等等。这里的哪一条不属于社会主义人格的范畴呢？

2006年党的十六届三中全会，第一次提出了"建设社会主义核心价值体系"的历史性命题和战略任务。2007

年，胡锦涛同志在"6·25"讲话中又具体提出这个"体系"包括四个方面的内容：①马克思主义的指导思想；②中国特色社会主义共同理想；③以爱国主义为核心的民族精神和以改革创新为核心的时代精神；④社会主义荣辱观。这四个方面，一是信仰，二是理想，三是精神，四是道德文明，哪一个不在社会主义人格的范畴之内呢？党的十七届六中全会又提到了社会主义核心价值体系是"兴国之魂"。

2012年11月，在党的"十八大"上又用"三个倡导"把社会主义核心价值观概括为十二项：①倡导富强、民主、文明、和谐；②倡导自由、平等、公正、法制；③倡导爱国、敬业、诚信、友善。而且中办文件又把这"三个倡导"分为三个层面：第一个"倡导"的四项，是国家层面的价值目标；第二个"倡导"的四项，是社会层面的价值取向；第三个"倡导"的四项，是公民个人层面的价值准则。实际上前两个"倡导"的八项都是属于"国格"范畴，而第三个"倡导"是属于"人格"范畴。

那么，我们怎样才能在前面讲到的那些历史嬗变中培育建构起这个"核心价值观"呢？中共中央政治局的第十三次集体学习，似乎很明确地回答了这个问题。

新华社北京2014年2月25日电讯称：中央政治局在2月24日，以弘扬社会主义核心价值观，弘扬中华传统美德为内容，进行了集体学习，习近平总书记在主持学习时强调：

培育和弘扬社会主义核心价值观必须立足中华优秀传统文化。牢固的核心价值观，都有其固有的根本。抛弃传统、丢掉根本，就等于割断了自己的精神命脉。博大精深的中国优秀传统文化是我们在世界文化激荡中落稳脚跟的根基。中华文化源远流长，积淀着中华民族最深层的精神追求，代表着中华民族独特的精神标识，为中华民族生生不息、发展壮大提供了丰厚滋养。中华传统美德是中华文化精髓，蕴含着丰富的思想道德资源。不忘本来才能开辟未来，善于继承才能更好创新。对历史文化特别是先人传承下来的价值理念和道德规范，要坚持古为今用、推陈出新，有鉴别地加以对待，有扬弃地予以继承，努力用中华民族创造的一切精神财富来以文化人，以文育人。

习近平总书记的这段论述相当精辟，对于如何培育建构社会主义核心价值观问题从四个方面剀切明白。

第一，他明确指出要在中华优秀传统文化的基础上，来构造我们的社会主义核心价值观，而不能割断历史。这一条十分重要，否则我们便会失去我们的本来面目，便会成为无源之水，也就无法走向未来。

第二，指出了中华传统美德是中华文化精髓，蕴含着丰富的思想道德资源。这就为我们揭示了社会主义核心价值观，要以弘扬优秀的中华传统美德为基础。

第三，他指出，对传统文化在扬弃中继承，在继承中创新。这就是说，社会主义核心价值观的内涵，既要有优良传统的文化精神，也要有时代精神，是二者的有机结合。

第四，他指出要用中华民族创造的一切精神财富，来化人育人。这就是说，弘扬中华民族文化，并不只是传承儒学那些道统，而是要弘扬全民族共创的优秀传统文化。同时也就是说，培育、弘扬社会主义核心价值观的根本目的是化民、育人。

尤其值得瞩目的是，习近平总书记在这次讲话中提到了一个"中华民族独特的精神标识"问题，而在同年的全国组织部长会议上又提出我们再也不能以GDP论英雄的思想。让人欣慰的是，思想道德文化建设终于被提升到一个民族的标识地位，这至少表明中国人的思想观念，并不落伍于世界潮流。

并不受人欢迎的亨廷顿生前给他的祖国提出的警示忠告，竟是如何弘扬他们没有多少历史和文化的"传统文化"："盎格鲁新教精神——美国梦"，以此为国家的"文化核心"问题。他讲道："在一个世界各国人民都以文化来界定自己的时代，一个没有文化核心而仅仅以政治信条来界定自己的社会，哪有立足之地？"所以，他提醒他无限忠于的祖国，一定要巩固发扬他们自入居北美以来，在新教精神基础上形成的"美国梦"理念的"文化核心"地位，这样才能消解这个国家的民族与文化双重多元化的危机。为此，他甚至预言美国弄不好会在本世纪中叶发生分裂。而且他公开预言不列颠大英帝国也会因民族与文化多元化的问题，导致在本世纪上半期发生分裂。

西方的一些专家学者们也十分强调国家民族文化的地位问题，柏克说："全世界的人根据文化上的界限来区分自己。"丹尼尔同样说："保守地说，真理的中心在于，对一个社会的成功起决定作用的是文化，而不是政治。开明地说，真理的中心在于，政治可以改变文化，使文化免于沉沦。"这些语言也可能有它们的局限性与某种非唯物性，但至少可以让我们看到那些发达的资本主义国家在想什么，至少与马克思主义经典作家们，关于意识形态并不总是消极被动地接受它的经济基础的论断并不相悖。

中国显然具有世界上最悠久的民族文化，同时显然也拥有世界上最强大的政治优势。新中国包括它直接进入社会主义的经济形态，以及其后的一次次经济变革，哪一次不是靠政治力量在强力推动呢？它当然同样拥有让我们几千年的民族文化"免于沉沦"的能力。有学人认为我们的民族文化早就被以往一次次的历史性灾难割裂了，这个看法显然都是毫无道理的。但我们当下却确实面临着"两个传统"失传失统的危险。中国的传统文化与优秀的民族美德，在当代国民中还有多少传承？老一代中国共产党人用生命与鲜血铸就的光荣革命传统，在党内还有多少"光大"？我们现在全民族的"核心文化"到底在何处？"社会主义核心价值观"的提出不仅符合世界潮流，也是使我们优秀的民族文化得以传承而不发生历史断裂的根本保证。富和强永远都不是一个民族的标志，哪个国家不可以富，不可以强？但能代表中国"这一个"本来面目，具有自己民族特色的，唯有中华民族的文化，能代表中国人形象的只有中国独具的道德人格。什么是人格？人格就是原始戏剧中不同角色的本来面目。

综上所述，我们是不是可以这样认为，社会主义核心价值观应内含如下的成分：中华民族传统文化中的优秀传统美德；中国人民近现代反帝反侵略反封建的爱国主义、斗争精神与中国共产党领导下形成的几十年光荣革命传统；中国化了的马克思主义有中国特色社会主义的共同理想；与"中国梦"远大目标相适应的时代精神。由这些内涵构成的社会主义核心价值观，用它来干什么呢？用习近平总书记的话来说就是"化人""育人"，把它再具体化一下，无非是打造能体现中华民族特色，代表中国形象的国格、人格。在思想道德层面上，一个国家的民族精神也只有在人的身上才能体现，所以我们依据社会主义核心价值观的基本要求，针对当代青少年的实际情况，策划了《中国人格读库》这样一套大型系列选题。

本套书承蒙全国少工委、中华文化促进会、团中央中国青年网三家共同主办推广，并积极提供书稿。难得高占祥老前辈热情出任该套书的编委主任，且高占祥同志不辞屈就加盟主创作者队伍。一些大学、中学教师与青年作者也积极加盟此套书的编写。该选题被国家新闻广电出版总局列为2014年全国社会主义核心价值观重点选题，在此一并鸣谢。

希望本套书的出版能为社会主义核心价值观的培育与弘扬，为促进青少年的道德人格养成起到积极的作用。欢迎广大读者与作家对不足之处批评教正，多提宝贵建议与指导意见。

谨以此代出版前言并序。

二〇一四年十月

于北京时代华文书局

引言

扬鞭慷慨莅中原，不为雠仇不为恩。只觉苍天方愦愦，欲凭赤手拯元元。

十年揽辔悲羸马，万众梯山似病猿。我志未酬人犹苦，东南到处有啼痕。

——梁启超录石达开遗诗之三

在东汉末年三国时期，诸葛亮出山之前，曾托付家人好好照料田垄，待刘备平定天下之日，他还要回家种田。只是未料一去三九载，因病逝于五丈原。诸葛亮为万民出山，却未见太平身先死，千百年来长令后人涕泪叹息，而1840年后的中国，也有这样一位心怀百姓的英豪，他怀有"忍令上国衣冠，沦诸夷狄；相率中原豪杰，还我河山"的志向，于是十六岁出山，十九岁率千军万马抗击清廷，二十岁封王拜将，一生戎马，却也未能完成归田之志，三十二岁兵败大渡河，壮志未酬，英勇

石达开雕像

就义。他便是有史学家将之与关羽、岳飞并称的历史中近乎完美之人——翼王石达开。

　　石达开曾被称为太平天国中最后的英雄，而他这一生的命运也与太平天国兴盛衰落息息相关。太平天国风云初起、蒸蒸日上的日子里，石达开披坚执锐，夺岳阳，占武汉，下金陵，二十八天挺进一千二百里；后来临危受命，在湖口九江扭转战局，三败湘军首领曾国藩，甚至令他羞愤自杀。在1836年石达开25岁之前，他的前半生经历大小百余战，凡是剑锋所指，无不所向披靡，令清军闻翼王之名而胆寒，称之为"石敢当"。

然而历史仿佛是与这个少年英豪开了个玩笑，在他踌躇满志准备继续北上一展抱负的时候，太平天国由盛而衰的转折点天京事变，将他打了个措手不及。在这场血流成河的内讧中，石达开先后经历了兄弟反目相忌的困境，全家被屠杀殆尽的痛苦，乃至被天王洪秀全猜忌掣肘，最后无奈出走，从此踏上了漫漫的西征长路。他的被迫出走，带走了天国繁盛的气象，也让自己的后半生陷入了四处奔波，众叛亲离，最后兵败身死的悲剧之中。

　　英雄无惧死亡，只有初衷不可更改，从翼王天京出走到大渡兵败，这段历时七年，跨越十五个省，行程约五万余里的远征途中，他始终高擎着太平天国的旗帜，努力牵制清军，配合长江下游的太平军作战，直到行军至大渡河，天降暴雨绝人之路，石达开为救部下投降清廷，被凌迟处死，临刑之际仍神态自若，至死无言。

　　"稗史漫传曾羽化，千秋一例不平鸣"，如今屹立在广西贵港东湖公园的翼王亭里，仍然挂着题有"还我河山"的牌匾，这仿佛是翼王无声的呐喊，包含着他一生戎马的沧桑往事，和那颗至死未改的爱国为民之心。时间不停地流逝，但英雄不应该被遗忘。翻开这篇小传，读懂"欲凭赤手拯元元"的翼王石达开，铭记那些为国为民的悲情英雄。

目录

第一章　揭竿而起

少年英豪 / 001

访石相公 / 006

金田起义 / 011

首战告捷 / 017

第二章　翼王振翅

永安封王 / 024

转战河西 / 030

石氏敢当 / 038

定都金陵 / 044

安庆易制 / 052

督师湖口 / 061

九江大捷 / 067

经略江西 / 073

第三章　天京事变

兄弟相残 / 083

翼王出走 / 090

第四章　西征长路

开辟浙闽 / 096

宝庆会战 / 102

蛰居广西 / 107

北上入川 / 112

四战渡江 / 117

第五章　英雄末路

大渡水寒 / 123

慷慨就义 / 130

后记 / 137

石达开年谱 / 139

第一章　揭竿而起

少年英豪

清道光十一年，也就是公元1831年，石达开出生在广西贵县龙山山区东北部的那邦村。

这并不是一个普通的年份，这一年，英国科学家麦可·法拉第首次发现电磁感应现象，推动了人类由蒸汽时代向电气时代转变，也扩大了西方国家的资本需求，使他们在世界范围内的资本积累不断扩张；这一年，每年从港口流入清朝的鸦片已突破万箱，而清军入关后的第六位继任者道光帝，仍旧在清王朝江河日下的困境中做着天朝上国的美梦；也是这一年，湖南永州瑶族农民不堪忍受清政府的黑暗统治，愤而起义，与广东起义的瑶民遥相呼应，共同为后来席卷大半个中国的太平天国运动谱写了重要的前奏。可以说，此时的中华大地上正酝酿着一场足以令风云变化、山崩海啸的大风暴，而石达开的故乡，正是这场风暴的风眼所在。

石达开的出生地那邦村，地处广西山区，这里素来以十万大山的崇峻巍峨和生长树木的繁茂秀丽而闻名，时至今日仍然有着"无山不绿、无峰不秀、无石不奇、无水不飞泉"的雅话。那邦村所在的龙山山区内有一座平坝和一条长河，让当地的农民能在此开垦田地、灌溉农田，从而养育了一方百姓。这里一方面地势复杂、山峦环绕，另一方面兼备水田、草木繁茂，生于斯长于斯的石达开，受山川河流灵秀之气孕养，生得身姿挺拔、容貌俊秀；又自小与当地少数民族交流，形成了他包容豁达、颇有豪情的性格。

其实石达开的原籍并不在这里，他的先祖原来居住在广东省和平县，后来石达开的曾祖父迁居到广西，从此在这里安家落户。石达开的父亲石昌辉，作为"客家人"，从小"替人家放牛做工"，后来才"逐渐变富起来"，慢慢积累下一百亩左右的田地，成为富农人家。

在中国封建社会，拥有平民身份的农民大概可以分为四类，按财富由低到高依次是佃农、自耕农、富农和地主。最贫困的佃农本身无地可种，只能租赁其他地主的土地耕种，并向地主缴纳地租，他们的地位最低，但也不是贱籍，依然享有科举出仕等良人的权利。第二位的自耕农是最普遍的存在，他们自身拥有耕地，通常是自种自食。第三位的就是石达开家的富农家庭了，这类人自家生产，还有余田，雇工经营，或者将余田出租，向政府承担赋役，是平民身份，财力上比自耕农富裕一些，但不如地主。最富裕的平民地主，拥有更多的土地，大部分不自己耕作，将土地租给佃户，向佃户收取地税的同时，也向政府交纳赋役。

由此可见，石达开家虽是富农，但也只是生活稍加宽裕，仍然要自己进行劳作，是靠耕读传家的中等农户家庭。石达开的长辈们虽然没能给他留下恩荫和家产作为助力，但这些淳朴善良的农民们，用自己独特的方式，给了石达开第一笔宝贵的人生财富。

据口碑材料①称，他的父亲石昌辉读过几年书，粗通文墨。石昌辉在达开小时就常给他讲三国群雄反宦官擅权，为天下万民谋平安的故事；给他讲当时瑶民抗击暴政，在湖南、广西起义的故事。这些可歌可泣的战争英雄事迹，既引起了小达开学习兵法谋略的兴趣，又在他幼小的心灵里留下了一颗反抗政府压迫，为万民幸福而斗争的火种，日后点燃，化为燎原之势，激励他带领太平天国的义军抗击清廷，济世安民。

如果说石达开从父亲那里确定了反抗腐朽清政府的目标，那他从母族那里得到的，便是实现这个目标的能力。石达开的

---

① 口碑材料：人们通过口头转述的形式将历史上发生的事情流传下来。

外公周国质也是一名富农，且素来有反清的志向，他爱打猎，善使枪，广交游。石达开幼年和少年时常住外公家，周国质便教他读书识字、练武打枪，带他结识四方豪杰。久而久之，小达开在潜移默化中变得坚韧果敢，善于广交朋友。

随着小达开一天天长大，他的聪颖好学也变得愈发突出，他每天手不释卷，尤其喜欢读《孙子兵法》等兵书。他父亲为此曾几次劝他说："你天天读兵书，有什么用处？不如精研八股文章，将来参加科考，金榜题名，也好光宗耀祖。"但石达开只是表面上听从父亲的话，私下里却仍然钻研兵法谋略，这样"阳奉阴违"久了，他父亲也明白了他的志向，不再逼迫他学习八股文章。

石达开不把四书五经这类科举进身的文章放在心上，这并不意味着他的文采不佳，恰恰相反，石达开不只是一个大军事家与大政治家，更是一个文采出众的诗人。相传在金田起义前，石达开路过一家理发店，见到了冯云山写的一副对联：

磨砺以须，天下有头皆可剃。

及锋而试，世间妙手等闲看。

石达开自觉这副对联文辞虽好，但气势不足，很有些头重脚轻的意思。于是大笔一挥，稍加修改成了一副新联：

磨砺以须，问天下头颅几许？

　　及锋而试，看老夫手段如何。

　　此联一出，足以见他的心胸之广、气魄之大、文采之佳，只是这剃发变成了割头，给理发店平添了一股子寒气，以后生意如何，便不得而知了。

　　石达开文治如此厉害，武功则更是了得。要知道贵县作为少数民族的聚居地，百分之九十以上的居民是壮族人，后来迁居到此的石姓族人人数少，为了自卫，就在村子里开辟了马场，练习骑射，设立武馆，学习武艺。因此石达开少年时就与各家名师切磋武技，吸取少林、武当之长，自创武艺，后被称颂为晚清中国的武学大家。[1]据《太平天国野史》记载，石达开的拳术"高曰弓箭装，低曰悬狮装，九面应敌。每决斗，蠹立敌前，骈五指，蔽其眼，即反跳百步外，俟敌踵至，疾转踢其腹脐下。如敌劲，则数转环踢之，敌随足飞起，跌出数丈外，甚至跌出数十丈外者，曰连环鸳鸯步"，可见他的拳术很高，攻防都能克制四方敌人，还有"弓箭装""悬狮

──────────

[1]　石达开"武学名家"的说法，出自《北平国术馆讲义》和《清稗类钞》。

装"这类固定招式，以及能将敌人踢出数十丈之远绝技——
"连环鸳鸯步"。

石达开和陈邦森比武的故事更是成为后世武林口耳相传的掌故，据说两人相约各自击打对方三拳，受拳者不得还击，陈邦森首先出拳，然而击中后只觉石达开腹部如绵毫不受力，刚一抬手就平如旧时；轮到石达开打陈邦森时，甫一出拳邦森就知道自己无法抵挡，只得侧身避开，转身就见到达开击中的石碑霎时裂成了几段，其武功之高，可见一斑。传说石达开还曾将他的武艺传授给他麾下选拔出来的士兵，用于作战，增强了他军队的战斗力，让他的这份绝世武功在抗击清廷的事业里，也发挥了重要的作用。①

年少的石达开就这样在父母的期待下，在反清志向的激励中，不断习文练武，提升自己。然而这样简单幸福的日子，却并没能持续多久，很快，石达开就第一次体会到了人生的无奈与痛楚。

访石相公

在石达开不满十岁那年，他的父亲石昌辉溘然长逝，这无

---

① 有学者质疑这个故事的真实性。

疑是给这个幸福稳定家庭的一记重击，也让小达开感到十分的痛苦和悲伤。石昌辉这一去，留下了病弱的妻子和四个未成年的儿女，石达开作为其中唯一的男丁，就必然要肩负起整个家庭的重担。

于是从石达开十岁独立支撑门户开始，他既要耕读不辍，忙碌于田地里的农活，又要奔走江湖，做些生意来补贴家用，包括买卖鸡鸭、米盐，运炭到平天山矿区出售等。可以说这段时间的石达开一面读万卷书获取知识，一面行万里路增长见识，在外头则行侠仗义，广交四方豪杰，与当时在浔梧一带活动的天地会首领罗大纲、"大头羊"张钊皆有往来，也与平天山矿区工人和广大农民建立了密切的关系；在乡里则扶危济困，为邻里调解纷争。他热情好客，无论是农夫还是商贾，乞丐还是僧道，乃至侠者文人、反清之士，他都邀请到自己家中款待。所以他少年时期便广有侠名，被乡里所尊崇，人们都称他作"石相公"。

石达开家逢不幸，却凭一己之身自立门户，甚至慷慨助人。此时的国家也正遇大难，但清王朝却已无力回天，只能通过签订丧权辱国的条约，加深对人民的盘剥来饮鸩止渴，苟延残喘。清政府一方面为了支付给列强的赔款增加赋税，另一方面开设通商口岸，西方的鸦片、洋布大规模倾销，破坏了中国的经济秩序，许多农民和雇工因此失去了生活来源，可谓民不聊生、天怒人怨。

自1840年鸦片战争后，中华民族一步步陷入半殖民地半封建社会的深渊之中，但清政府可以退让，民众不能退让，广州三元里人民自发组织义军，用刀矛锄耙来抗击英军。张维屏《三元里》称："家室田庐须保卫，不待鼓声群作气。妇女齐心亦健儿，犁锄在手皆兵器。"同时各地的反清起义也此起彼伏，石达开的故乡广西浔州，正是起义的集中地，"大头羊"张钊、"大鲤鱼"田芳、天地会罗大纲等人纷纷揭竿而起，仁人志士们奋起图强，天下如同积薪厝火，一触即发。

如今的石达开已文成武就、声名远播，此时的天下也是风云色变、豪杰并起，石达开只待一个机会便能投身革命的洪流，将自己毕生所学化为投枪匕首，掷向那腐朽没落的清王朝。

而这个机会，很快便来了。

清道光二十七年（1847），那一年石达开16岁，有两位特殊的客人自远方慕名而来，与他进行了一场秘密谈话，这次谈话彻底改变了石达开的命运，而那两位特殊的客人，正是太平天国运动的发起者和重要领导人，日后的天王洪秀全与南王冯云山。

洪秀全来自广东花县（今花都区），是一名出身于耕读世家的读书人，其实他最初并没有革命的想法，而是想要通过清

洪秀全雕像

朝的科举考试进入官场，提高自己的社会地位。可惜自洪秀全十六岁开始考试生涯后，接连两次乡试（三年一考）都以失败告终，他二十五岁时第三次在广州参考却再次落选，大受打击的洪秀全回家便病倒了，这一病便做了一个奇怪的梦：一位老人说奉上天的旨意，命他到人间来斩妖除魔。

这个梦是真是假我们不得而知，但洪秀全确实是以这场病中之梦与后来读到的基督传教士分发的《劝世良言》一书相对比，认为自己是上帝的次子，耶稣的二弟，受上帝之命下凡诛妖，从此抛开了孔孟之书，断念于科举而转向革命，说"不考清朝试，不穿清朝服，要自己来开科取士"。他改信了基督教，四处宣传自己解读的基督教义，称之为"拜上帝教"，以此号召劳苦大众，进行推翻清王朝的斗争。

冯云山是洪秀全的同乡，也是他最初也最虔诚的教徒。他们二人起初在广州一带传教，后来转至广西，洪秀全回花县后，冯云山独自去了紫荆山任书馆先生。他白天教书，晚上手提火把，翻山越岭，宣传拜上帝教。那些耕山烧炭的山民对他十分信服，到道光二十七年间（1847），在广西桂平的"拜上帝会"已经吸收了包括太平天国重要首领杨秀清、萧朝贵、韦昌辉在内的两千余人为会员。

这时，洪秀全再次回到广西，这对志于革命的兄弟会合之后，分析了拜上帝会在当地的发展状况，便决定以紫荆山为基地，积蓄力量，准备起义。而古往今来，凡是起义举大事，最需要的便是人才，尤其是善于领兵打仗的将帅之才。洪、冯二人求贤心切，听闻贵县石达开少年英才，喜结英雄，便相约去拜访，想要说服他参加反清起义，共图大业。

洪秀全与冯云山此番来访，对石达开直言天下局势，称外有英、法、美、俄等国垂涎华夏大地的丰饶物产，内里清政府孱弱无能，贪官污吏只知欺压百姓，可谓是山河破碎、百姓困苦，而天下兴亡，匹夫有责，必要请石达开出山共举大计，建功立业。

石达开于是慨然应诺，与他们相约驱逐清政府，抵抗帝国主义入侵，救助百姓于水火之中，重现中华民族昔日的荣光，投身于太平天国起义洪流，成为这场农民斗争中最年轻的一位领袖。这件后世史家以三顾茅庐比拟的"访石相公"事，是石达开人生的转折点，从此，他踏上了戎马倥偬反帝反封建的后半生，用尽毕生的才气与豪气，欲为天下万民谋一个光明平坦的未来。

金田起义

1847年，石达开允诺入会后，在金田县韦昌辉家，与洪秀全、冯云山、杨秀清、萧朝贵、韦昌辉等六人结拜，成为异姓兄弟，共奉上帝为天父，耶稣基督为天兄，"聚众起事，推洪秀全为首"，他们相约"草莽结盟，情同骨肉"，组成了太平天国运动最初的领导核心队伍。

结义后的石达开回到贵县北山里，开始进行革命前的准备工作。他走遍村村镇镇、龙山矿区，足迹遍布那良、蚂蝗冲、赐谷、长排、六乌山等地，向山民与矿工宣传拜上帝教，短时间内便召集起两千多人的队伍。石达开胸有韬略，给这些信徒们进行了仔细的分工，让他们一面组织训练提升战斗力，一面继续进行扩大宣传，一时间"老幼男女携眷挟财产大队加入"，形成了一派欣欣向荣的气象。然而，正当形势蒸蒸日上之际，拜上帝会却迎来了一场巨大的风波，革命甚至面临夭折的危险。

原来，拜上帝教在广西的迅速发展，引起了当地地主们的不满。尤其是洪秀全和冯云山带领教徒捣毁当地庙宇，宣称"天下只一皇上帝"的行为，极大地损害了地主们的利益，两方人马针锋相对，流血冲突此起彼伏。这年11月，武宣县王作新的团练队伍，采取突然袭击的手段，逮捕了冯云山，将他押解到桂平县，以不从清朝法律的罪状告他谋反。

　　冯云山是当时太平天国的重要领袖和军师，他极有组织和领导才干，可以说拜上帝会的成员大部分是依靠他才能组织团结在一起的，《李秀成自述》里就称"谋立创国者出南王之谋，前做事者皆南王也"。冯云山这一被捕，洪秀全又前往广东寻找门路救人，留在广西的教众们一下子群龙无首，陷入了人心动摇的危机之中。这时，有一个人站了出来，在人心溃亡几近解散的情况下力挽狂澜，拯救了拜上帝教。这个人，就是后来的东王杨秀清。

　　杨秀清出生在广西桂平市一个贫苦的农民家庭，以耕山烧炭为业，他于1846年加入拜上帝会。冯云山被捕后，面对人心涣散的教众，他利用当地迷信的降童巫术，先伪装成"神灵附体"的样子，代表天父传达圣旨，巩固了拜上帝会，然后要求会内的烧炭工每卖出一百斤炭就抽出一部分的炭钱积贮起来，称作"科炭"，如此积少成多，筹得了一笔银钱，向浔州府和桂平县的官员们进行贿赂，最终救出了冯云山。杨秀清这次假称天父下凡，虽然成功稳定了民心，救出了冯云山，但也打破了洪秀全自称上帝次子的超然地位，在革命领导层形成了二元中心，为之后的天京内乱埋下了祸根。

　　无论如何，此时冯云山被解救，洪秀全也返回广西，拜上帝会内部的革命准备工作再次如火如荼地开展起来。为了进一步壮大革命力量，石达开把目光投向了其他起义军队，派人联络正在广西一带活动的张国梁、张遂谋两支义军，可惜张国梁很快投靠了清廷，石达开于是亲自去拜访张遂谋，与他商议反清起义的大事。他向张遂谋宣传拜上帝会的教义，说明拜上帝会以推翻清政府统治建立大同社会的目标，又以天下百姓的安危晓以大义，最终得到了这名深富谋略的义士的投诚。此后，张遂谋跟随石达开出生入死，凭借忠诚与才谋成为翼王座下备受倚重的心腹人物。

　　1850年，洪秀全、冯云山从紫荆山秘密前往平南，在那里向全体会众发布了总动员令，要求大家在金田汇集，准备起义，这场在太平天国历史上被称为"团营"的集会，正式拉开了金田起义的序幕。

　　石达开接到团营的命令后，立刻联络了石镇吉、韦普成、曾仕和等骨干以及会众两千多人在蚂蟥冲举行了隆重的拜旗誓师仪式。传说在这场临行前的拜旗仪式上，石达开展现了"上帝神力"，他对一面旗拜上几拜，就会使旗自行升起，让见到的会众们纷纷叹服。原来，石达开虽然加入了拜上帝教，但并不迷信上帝，他更看重这些非自然力量对民众的动员力量，于是就效仿"天父""天兄"借神力传人意的方法，略施巧计，事先在旗上穿了铜线，拜旗时用铜线将旗扯起，形成了人拜旗则旗自升的假象，果然极大地激励了会众，让他们相信此次起义有神灵庇佑，跟随石达开士气高涨地向金田出发。

从贵县到金田的这条路并不算长，但石达开部走得却并不容易，很快他们便遇到了成军以来的第一场考验，这也是石达开漫长而辉煌的军事生涯的起点——六合村之战。

石达开率领的团营队伍行至石梯附近时，先是遭到北山地主刘垂道纠合十三村"联团"的狙击，石达开见敌人来势汹汹，认为不可正面力敌，以免首战失利挫伤士气，于是率部折回转向福庆村，在这里又遭六合村熊姓地主"带领几百团练阻击"。这一次，石达开谨慎分析了敌我实力，认为首站的时机已到，于是一声令下，亲率团营队伍，在福庆至牛麻间冲破了敌人的堵截，见敌人败逃入六合村，又乘胜追击直捣对方巢穴，痛歼残敌，大获全胜。

这一仗是石达开第一次将学到的兵法知识应用于实战，他初出茅庐只小试牛刀便获得如此大胜，足见他出色的军事指挥天赋。初战告捷，队伍打通了向金田会聚的道路，继续一路高歌猛进，挺进桂平县白沙圩，在这里，石达开再一次显示了他极富远见的军事才能。

白沙圩东临郁江，西与贵县大圩接壤，水陆交通都很便利，是县属西部地区较大的集镇。石达开行军至此，看中了此地材料丰富，交通便利，于是下令就地驻扎，开炉铸炮。石达开在起事之初，便认识到武器的重要性，他在白沙铸造的这些火炮是太平天国自己制造的第一批"重武器"，也在之后与清军的战斗中立下了汗马功劳。

石达开在前往金田的路途中，一方面扩大队伍，吸收新的入会成员；另一方面铸造武器，加紧锻炼，到9月抵达金田时，他率领的部下已经是一支作战骁勇、武器精良的四千人队伍了，这支精锐之师也成为石达开部众的最初雏形，在此后的革命中发挥了不可或缺的作用。

抵达金田后的石达开作为领导核心之一，与杨秀清、萧朝贵共同主持团营军务，制定"太平军制"，为投奔而来的士兵们登记造册，以备日后奖惩；此外石达开还兼管财务，他统筹管理有群众变卖家产和战利品的"圣库"，将这项复杂繁琐的事务管理得井井有条，体现出了他文武两方面的出众才华。

山雨欲来风满楼，随着起义队伍的日益扩大，起义准备的日益完善，清政府终于听到了消息，从广东、广西、云南、贵州、湖北、福建六省调集了万余兵力，企图将这场起义扼杀在摇篮里。然而，此时的太平军羽翼已成，成功击败了清军浔州

今人修建的太平天国金田起义纪念馆

协副将李殿元，石达开与杨秀清又先后斩杀了巡检张庸和清江协副将伊克坦布，太平军内一时间士气大增。一场涤荡中国，震惊世界的风暴终于要来了。

道光三十年十二月初十（1851年1月11日），洪秀全38岁生日这一天，两万多名团营群众，在金田正式誓师起义，正号"太平天国"，以"太平军"称起义队伍，以洪秀全为最高首领，会众都以红布包头，蓄发易服，有民谣称"兄弟姊妹会金田，降魔斩妖声震天"。起义后的太平军势不可挡，进占江口墟，控制大湟江口，挥师直向武宣。同年，洪秀全在武宣称天王，年仅十九岁的石达开被封为左军主将，就这样开始了他统帅千军万马抗击封建腐朽的清政府的跌宕征途。

首战告捷

从金田起义到进军武宣，这两个多月来，太平军可谓战无不胜攻无不克，在武宣大举庆功分封五军主将；与此同时，清军连吃败仗，镇压起义的广西提督向荣、广西巡抚周天爵面对势如破竹的太平军束手无策，连钦差大臣李星沅也又惊又怕，病死武宣。清政府见大势不妙，急急派下广州副都统乌兰泰带火器营进军广西，又在四川、安徽、贵州增调援军四千，还从国库拨款三百万补贴军资，企图扭转日益恶化的局面。

清军这一股有生力量的注入，确实一下子让情势发生了转变。只因太平军虽然在军事上屡获成功，但毕竟只是民兵，几个月的战斗下来，粮饷、弹药都即将用尽。石达开与洪秀全、杨秀清等人商议，认为敌强我弱，不宜正面突破，趁现在敌军主力集中在武宣，不如以退为进，攻下防务空虚的象州，占下这块要地再"徐徐图之"。

于是5月15日晚，太平军借天降大雨的掩护，突然发动攻击，直袭象州，趁清军不备，不断斩军夺地，几天之内连续攻下古城、寺村、中平、百丈等地。当地百姓作民谣歌颂：

鲤鱼破浪上高滩，云雀穿过黑云山。

天君爬过东乡界，一天攻下五六关。

太平军这一招声东击西打了清军一个措手不及，但是这位新晋的广州副都统乌兰泰却并不是个简单的角色。他不仅拥有当时国内在武器方面最先进的火器营，更是一位熟读兵书的大将，早在出兵之前，他就屡次谈及两广的局势，言辞"激昂慷慨"，十分受咸丰皇帝器重。乌兰泰听到象州被攻占的消息后，迅速作出反应，率领部下从东北进入独鳌山，逼近太平军的营寨，与广西提督向荣在东北的军队形成合围之势，伺机发起攻击。而这一来，乌兰泰便与正在象州梁山村驻扎的石达开形成了隔河对峙的局面，从而爆发了著名的独鳌山之战。

面对人数众多、装备精良的清军，石达开深谙敌退我进，敌进我退，敌疲我打的游击战术，明白要避敌精锐。他不着急让大部队出击，只先派出小股士兵渡江，对乌兰泰的威宁营日夜侵扰，让清军们寝食难安，疲惫不堪。

6月9日凌晨，多日精神紧绷的乌军已是士气涣散，无心作战，石达开瞅准时机，先派出三百名太平军占据威宁营山梁之南山头，把乌兰泰的兵力引向南山。接着，趁其倾巢而出，内营空虚之时，让太平军的七位勇士，趁着黎明前的黑暗，奇袭清军威宁营。根据乌兰泰的奏稿，当时的太平军"直扑威宁大队，大队之兵即退回营盘"。乌兰泰的军队折回的速度虽然快，但哪里比得上以逸待劳的太平军，这七位勇士在营地里喊杀虚张声势，让折回的清军以为大营已破，整个威宁营的清军全行弃营，哄然逃窜，奔入镇远营内。攻下了威宁营的石达开一鼓作气，又派出二十多位太平军炮兵，就用威宁营留下的二十门大炮，居高临下直轰清军镇远营盘，一时间清军丢了阵营又折兵，伤亡惨重。

石达开与乌兰泰的第一次交锋，攻其不备以七敌千，又将敌军先进的火器收归己用，化劣势为优势，可谓是大获全胜。而此时的乌兰泰丢了阵营，首战失利，却并不慌乱，他一面向驻守都金岭的向荣部队求援，一面强令威宁营官兵夺回营盘，伺机反扑。

清军到底人多势众，强攻之下，太平军刚刚占领的营盘便岌岌可危。石达开见此地不能强行守住，便又生一计，直接放弃威宁营，边战边退，以弱示敌。很快，向荣的援军赶到，也加入了清剿石达开部众的队伍之中，太平军更是无法抵挡，败退得更快。乌兰泰见此情景，觉得石达开的军队已经溃散，忘记了穷寇莫追的兵训，想要乘胜追击，于是带领清军追讨石达开部渡过了仁义河，却没想到军队这一过河，便再也没能返回。

原来，早在昨天夜里，石达开便派人趁夜跑到仁义河上游将渡口的河流截住，此时见清军大举渡河，便让上游的士兵开闸放水，一时间河水滚滚而下，正在渡河的清军反映不及，淹死了大半。与此同时，前方佯装退败的太平军也杀了个回马枪，前有敌军砍杀，后有河水断路，乌兰泰部众无路可走，全线溃散，死伤逾千，乌兰泰仅以身免，败走罗秀，此后再没敢进犯中平。

这场战役，石达开不如乌兰泰士兵众多，不如乌兰泰武器精良，甚至不如乌兰泰居高临下占有地势之便，但这样一个劣势明显的开局，硬是被石达开以计谋攻破，将天时地利人和运用得出神入化，让敌军陷入了前有埋伏后有洪流的困境之中，打了一场漂亮的成名战。但石达开万万不会想到，仅仅是十二年后，他自己也陷入了同样的困境之中，进退维谷，最终兵败身死。石达开成也此局，败也此局，这不得不说是命运的讽刺，也是历史的巧合。

后话暂且不提，此时的石达开一战成名，更受天王洪秀全的器重。但仅此一战的胜利并不足以扭转太平军四面受敌、弹尽粮绝的颓势。面对步步为营，切断太平军补给的清军，洪秀全下令回转金田，抢收新谷，暂时解决了军内缺粮的问题。然而这种喜悦并没能持续多久，很快清政府便加派军机大臣赛尚阿、都统巴清德、副都统达洪阿等率兵赶赴广西，进一步围剿太平军。同年七月，向荣攻下双髻山、风门坳两地，太平军的重要屏障紫荆山失守，革命形势已危在旦夕。

为了打破困守新圩的不利局面，9月初洪秀全发布命令，让骁勇善战的前军主将萧朝贵和左军主将石达开作为"开通前路"的先锋，领兵从紫荆山关隘突围。面对驻扎的外围的向荣、乌兰泰等部，太平军想要突围并不是一件容易的事，于是石达开在与杨秀清商议后再次使出了疑兵之计。

首先，石达开派士兵伐木砍竹，修造箱笼和筏子，将这些堆满箱笼的筏子推到浔江中，作出要走水路前往广西东南部的样子。向荣探到这个消息，果然以为拿捏住了太平天国的退路，于是"令南路水军，拨船防堵"，同时抽调兵马，守卫浔江。这样一来，清军的注意力被转移，兵力被分散，给石达开率众突围创造了有利的条件。

不只如此，石达开还让军队制造土炮，在火炮里插上长短不同的火药线，又把活猪挂在屋梁上，这样太平军营里火炮声和猪叫声日夜不息，让清军放松了戒备，等他们反应过来时，太平军已经乘着月色，踏上往平南的征途了。

石达开与杨秀清突围成功，带领太平军顺利从新圩前往思旺，打下官村。此时的向荣追击而来，被他二人在官村设下埋伏，杀了个措手不及，甚至连居住的帐篷和吃饭的锅碗都丢了个干净，如同丧家之犬急急逃往平南，面对石达开神鬼莫测的用兵之计，向荣也不禁感慨说，"生长兵间数十年，未尝见此贼；自办此贼，大小亦数十战，未尝有此败"，足可见敌军将领对石达开又敬又怕的态度。

太平军赢得官村大捷后乘胜东进，石达开与萧朝贵、韦昌辉督率前队，从大旺到了藤县。石达开在藤县大黎见到路有饿殍，农民困厄的惨状，万分痛心，他未有一刻忘记自己为百姓谋幸福，为天下谋太平的初衷，于是暂且驻军，救助病弱，向他们宣传反清思想，鼓励他们加入太平军，靠自己的双手改变自己和国家的命运，吸收了大批农民加入自己的麾下，其中包括一位会在未来声名鹊起的人物——忠王李秀成。其实，石达开自从踏上反清起义的道路，就一直以教化百姓为己任，他治军严谨，强调善待百姓，以独特的人格魅力吸引了众多豪侠相投，他用实际行动将自己的反抗封建的志向传达给这些部下，既为革命不断注入新生力量，也在沿途播撒下一颗颗火种，甚至在他死后，仍有义军受他影响揭竿而起。"行在当下，功在千秋"，这正是石达开的英雄创举。

石达开在大黎停留五日，补充军员军需后，继续挥师和大部队一起逼近了永安州。永安属于平乐府，它的东西被大山阻挡，南北却有官道相通，境内丘陵起伏、河流纵横，是一个易守难攻的战略要地。当时的永安城作为省城门户，有阿尔精阿带领的几百名清军以及当地地主的八百团练驻守，知州吴江听闻太平军将近，将这些人马分成两股，准备借地势之便，死守城池。

九月二十五日，石达开和萧朝贵率前锋部队从陆路发动了攻击。石达开重施旧计，用当初对付乌兰泰的手法，再次导演了一出声东击西。他先用少数兵力在城东高地向城里放炮，再与萧朝贵合派主力从西、南两面围城，一举攻下了永安州，占领了太平天国自金田起义以来的第一座城池。攻克永安，是太平天国历史向前迈进的重要一步，这意味着太平军终于有了能与清军正面对抗的营地，他们在永安城中建立制度，整饬军民，开启了反清克辱、救助万民的新纪元。

第二章　翼王振翅

永安封王

石达开攻下永安后，进驻永安东乡，这里村落众多，是永安百姓耕作生活的集中地。石达开严格控制属下，不许他们侵扰百姓，在当地搭棚扎寨，宁愿"风餐露宿"也不侵占民房，得到了百姓的一致拥护，甚至在后来清兵围困永安，军用短缺的时候，还常常有百姓翻山越岭，穿过百里长路来为石达开送衣送粮，足见他得民心之深。

太平军在永安暂且安营扎寨，休养生息，石达开与洪秀全等其他革命首脑则在一起商议更改制度，建立一套太平天国独有的政权体系。经过一番讨论，10月25日，洪秀全正式下诏修改历法，制订天历，废除清朝纪年，以金田起义之年为太平天国辛开元年；令人民蓄发，移风易俗；建立圣库制度和完整的官制；并论功行赏，分封各军主将为王。

在这场史称"永安建制"的封赏中，洪秀全为天王，称万岁；杨秀清为东王，称九千岁；萧朝贵为西王，称八千岁；冯云山为南王，称七千岁；韦昌辉为北王，称六千岁。而石达开被封翼王，称五千岁，确立了他在太平天国第六领袖的地位。

这个胸怀大志的少年，从1847年被访出山，征战四年，到如今封王拜将，荣称千岁。年仅二十岁的石达开已经得到了很多人汲汲一生也难求的荣光和成就，但这并不是他真正的追求。他的目光正往北而去，那里有夕阳下腐朽沉寂的紫禁城，有大洋上虎视眈眈的列强，更有在水深火热中挣扎求生的百姓，翼王的羽翼只初初展开，只待一场风暴，他便要振翅高飞，荫蔽天下。

百足之虫，死而不僵，太平军这一番改制封王，无疑彻底激怒了另一个在中华大地上盘踞了两百多年的政权，清政府再次从各省调集了大批军队，又让当地的地主团练前来"助剿"，总共汇集了四万军马，直朝永安而来。此时的太平军连同妇女老幼都算在内也不过一万多人，剔除伤病老弱之后能够参战的不过四千多人，但太平军硬是咬紧牙关凭借着仅有敌军十分之一的战力，坚守永安长达六个月之久。

原来，清军虽然人多势众，但各路军马皆有心思，都不愿意冲锋在前，只想保留实力分摊军功，两大主将向荣与乌兰泰更是"争功相忌"，向荣兵败官村后吓破了胆，假称病重逃到苍梧，不与乌兰泰会和，如此一来清军自然无法发动有效的进攻。当时有一首《独秀峰题壁诗》诗云：

固垒深沟夸胆壮，映斯破斧转心寒。

孤城在望无人近，半载遥从壁上观。

可谓是将这一情状描写入微，写尽了清军内部"兵怯于战，将心不齐"的局面，而清军的消极怠战，给太平军留下了全力备战的时间。

太平军在得到大军压城的消息后，马上就开始组织设防，在永安城里建设起了三道防线。第一道防线便是城墙，太平军加固城墙，布设哨岗，严防敌军进入。第二道防线是在城内东西两边再筑起来的两道新墙，东面长墙从莫家村经东炮台到城北河，西面长墙从湄江经西炮台到南河边，两道长墙全场十华里（1华里=500米），墙上开有炮眼，墙中门户曲折，防守十分严密。第三道防线却不是竖墙而是壕沟，太平军在永安城内挖出壕沟、陷阱，布满铁钉竹签和渔网暗沟，凭借"铁打蒺藜梅花坑"阻住敌军的前进步伐。这三道防线层层递进，"倚伏相救、声势相连"，形成了一套完整的防御体系，让永安城固若金汤，连清军都感叹"实系险隘，处处皆可拒敌"。

布下防线后，洪秀全还派各将领分兵把守四方，互相支援。石达开就驻扎在古苏附近，负责永安东线的作战和防守。

当时清军将领和春带兵三千强攻古苏，想要凭借兵多马壮的优势合围石达开部，但石达开帐下军士斗志昂扬，坚韧不屈，与和春连战一昼夜，严防死守，生生阻住了他十多次冲锋，最终逼他退去。太平军凭借"人心齐、地利熟、胆气壮"的优势在永安城严守长达半年，但很快，清军统帅塞尚阿亲临前线，督令北路向荣和南路乌兰泰加紧围城，并切断了太平军运送粮饷的道路。永安城外有重兵，内缺粮饷、食盐、火药，太平军再次陷入困境，永安突围已迫在眉睫。

1852年4月4日，洪秀全正式下达"突围令"，命曾经从新圩突围成功的石达开和萧朝贵再次作前锋，领先头部队突围。次日夜里，石达开带兵从自己驻守的东线，经古苏攻克玉龙关，速战速决全歼守军，在没有引起清军大部队注意的情况下率军往桂林而去。

直到6日临午时分，清军才发觉永安城内已经是人去楼空，恼羞成怒的清军放火焚烧了留在永安的营寨，随即向古苏追击太平军，斩杀太平军后队男女2000多人，而带领这支清军追击而来的将领不是别人，正是石达开的老对手——副都统乌兰泰。

此时太平军的先头部队已经翻过龙寮岭，到达了昭平县的仙迴地界。仙迴这个地方四面环山，自龙寮岭向东层峦叠嶂，依次有平冲、甘冲和崩冲三个山头，仙迴乡就位于这些山峦环绕的盆地里，是一个天然的埋伏之地。萧朝贵和石达开听闻后队受袭，就在这里设下埋伏，准备反击，而石达开也即将迎来与这位老对手的第二次正面交锋。

石达开和萧朝贵考察了当地的地形后，将太平军分为三路进入伏击阵地：一路迂回到龙寮岭准备切断敌人退路；一路埋伏于平冲、崩冲山头，伐木运石；最后一路扼守唯一通往仙迴乡的路口。这样形成了一个口袋型的埋伏阵形，只待乌兰泰投入其中，便可以瓮中捉鳖。

乌兰泰追击后队的太平军一路向前，途中又与增援而来的向荣会和，他自恃人多势众，又一路杀红了眼，果然不顾向荣"停兵整歇"的意见，直冲进了这个长袋形的埋伏区。石达开见计策已成，就先令第一路太平军截断清军的后路，扎紧了这个"口袋"；然后一声令下，第二路埋伏在山上的士兵将早已准备好的滚木和巨石沿山坡推下，砸得清军方寸大乱；这时第三路太平军从路口冲出，"赤脚短刀，前后围裹，肉搏鏖战"，如此三管齐下，势如破竹，杀得清兵血流成河，损失惨重。

在石达开与乌兰泰的第二次交锋中，石达开歼灭了名震海内的"四镇总兵"——天津镇长瑞、凉州镇长寿、河北镇董光甲、郧阳镇邵鹤龄，以及副将田学韬、成林等共五千名官兵，还令乌兰泰自己坠涧重伤，向荣仅以身免。这场史载为"三冲大捷"的战役，截断了敌人的追击队伍，消除了永安突围的后顾之忧，是太平军自金田起义以来最辉煌的一次胜利。

太平军永安突围胜利后继续北上，经三妹瑶区、荔浦、阳朔，一路上歼灭敌军，收编起义队伍，4月16日，大军终于直逼桂林城下。

桂林作为当时广西的省城，它的严密防卫是太平军攻下过的城池所不能比拟的。桂林周围的城墙有一丈多高，又依山靠水、奇峰林立，可谓是易守难攻。正在省城坐镇的广西巡抚邹鹤鸣见太平军往桂林而来，急忙把驻守在马岭的军队调回，又临时招募了五百团练严守城池。与此同时，后方乌兰泰在战败后经过一番休整卷土重来，想要内外夹攻，歼灭太平军，这样一来，石达开就很快迎来了与乌兰泰的第三次也是最后一次交锋。

4月19日，乌兰泰率领数千将士，对驻扎在桂林南门外的太平军发动了攻击。乌兰泰经六塘而来，直击桂林的重要通道——将军桥，但他万万没想到，当他与前队的三百骑兵到达桥头时，石达开已经在这里严阵以待等他上门了。石达开见乌兰泰的前锋已到，便把清军团团围住，枪炮齐发，杀了他们一个措手不及。不过顷刻之间，乌军三百骑兵全部被歼灭，乌兰泰腿部中炮，被部下救回六塘，但伤重难治，不久后便死于阳朔。

乌兰泰"忠勇为诸将冠"，深得咸丰皇帝的信任，但他与石达开三次交锋，三次皆是惨败，最后战死，成为石达开"石敢当"之名的第一块试金石。

石达开阵伤乌兰泰，除掉了这位在太平天国初期重要的敌军大将，但这并不意味着太平军便能轻松攻克桂林。实际上，桂林城里外清军多达两万人，加上"城根多坚石"，无法挖掘地道进行突袭，所以太平军攻城一月，也未能将桂林攻下。石达开和洪秀全等人从长远考虑，认为必须尽快进军江南，不能在这里强攻贻误战机，于是5月19日，太平军主动撤围，"别作良图，以谋进取"，石达开也率领大军继续踏上了他北征反清的长路。

转战河西

太平军从桂林撤军后，5月22日，挥师北上，一举攻占了兴安县。两日后太平军抵达全州，全州知州曹燮负隅顽抗，太平军强攻不下，于是兵分两路准备夹击敌人。当时南王冯云山在后方压阵，被盘踞在凤凰山上的清军用炮火打伤，这个消息让太平军全军愤恨，于是他们不畏敌人从城墙上抛下的热水滚油，奋勇登城，最终在城外挖地道埋地雷炸毁城墙，拿下了全州。

攻克全州后，太平军分水陆两路，沿湘江顺流而下，往湖南永州进军。6月10日，太平军在蓑衣渡北面的水塘湾遭到江忠源所率清军的伏击，爆发了著名的蓑衣渡之战。这场战役开始时，太平军就被江忠源在江里打下的桩木拦住船只无法前进，所以只能原地与敌军激战两昼夜，将士伤亡严重，粮草丢失大半，而本就在全州中炮受伤的冯云山也因伤势过重，在此地"殉国"。

南王冯云山的"殉国"，无疑是太平天国的巨大损失。想当初冯云山的被捕都让起义险些夭折，此时的太平军虽然发展壮大，但冯云山的作用仍然是无可取代的，尤其是对这些结义的几位"王兄弟"而言，冯云山更是引导他们走上革命道路的良师益友，是连接他们六人情感的纽带。

噩耗传到前线，石达开听闻后惊痛万分，几乎不敢相信。他素来最重感情，想起冯云山与洪秀全与他畅谈天下大事，请他出山为民的样子，仿佛仍在昨日，又念及冯云山自加入拜上帝教以来"历山河之险阻，尝风雨之艰难，去国离乡，抛妻弃子，数年之间，仆仆风尘，几经劳瘁，历尽艰辛，坚耐到底"只为实现志向，却在这里身死，更是悲从中来。他在心里立誓要大破敌军，为冯云山报仇雪恨；还要实现他们共同的理想，替他看到驱逐清政府，实现天下大同的那天。

化悲痛为力量的石达开与众太平军兄弟一起奋勇作战，掩护主力军队，从永州进入湖南，攻占道州，在这里增修战具，暂时休整。而此时，无论是石达开自己，还是这些刚刚脱离险境的太平军都没有想到，南王冯云山的去世，仅仅是这场危机的开始。

8月17日，太平军在经过道州休养生息和湘南扩充军队后，重整旗鼓，一举攻克了郴州，并在此得到了长沙兵力单薄，城防空虚的情报。西王萧朝贵作为和石达开并立的太平军两大先锋之一，见石达开忙于训练从湘南地区收编而来的新兵，就主动请战，率御林侍卫曾水源、林凤祥等人以轻兵两千从小道袭取长沙，趁清军不备加紧进击。而洪秀全和杨秀清则与太平军主力部队在郴州暂留。

萧朝贵果然不负他勇敢刚强，十分善战的名声，凭借两千轻骑，一路北上，趁敌军毫无防备未及回援而连续攻下永兴、安仁、攸县、茶陵、醴陵等地，并在9月11日兵临长沙城下。但此时萧朝贵的军队只有两千多人，经过之前的损耗能继续作战者不过千余，兵力的限制让萧朝贵的攻城只能限于南城一隅，无法发动有效的合围，正如清将江忠源的概括："各城防堵虽不尽如法，然贼势尚单，逼攻不甚紧急"；加上清军据城池之利，在城上设置炮台，枪炮齐发，萧朝贵久攻长沙不下，自己也在一次猛攻中，不幸中炮，身受重伤而去。

噩耗再次传来，军中一片哗然，不过短短三个月内，太平天国竟然连失两员大将，如果说南王冯云山长于谋略，是太平军的智囊，那么西王萧朝贵无疑精于作战，尤其善打前锋，是太平军的一把利剑。先丢智囊，又失利剑，此时的太平军虽然已经赶到长沙继续围攻，但气势已经大不如前。

而反观清政府一边，各方援军自萧朝贵突袭后纷纷汇集长沙，集结了骆秉章、鲍超、张亮基、江忠源、胡林翼、左宗棠、郭嵩焘、邓绍良、向荣、张国梁、和春等大将，共计包括一名中堂、三名巡抚、五名提督、十二总兵在内的六万多人，其中左宗棠、胡林翼皆是青史留名的能征善战之人，更有一位必须着重提到的人物，那就是位列"晚清八大名臣之一"的前湖南巡抚骆秉章。

骆秉章，广东花都人，他少年勤学，求取功名，到40岁中进士后留京师16年，直到56岁才放外官。道光三十年（1850年）擢湖南巡抚，虽然中间被赛尚阿参奏，一度被罢，但他确

骆秉章画像

实在这里一待十年，主持剿压太平天国起义。骆秉章善于治理政事，很有远见卓识，他到任湖南巡抚时长沙城多坍塌，城垛全无，那时太平军还在两广一带作战，但他估计太平军随时入湘，便率先带头捐修城款，又即奏请借库款两万两启动修城，到7月中，城门修好，城垛已备，才凭借城内仅有的"兵勇八千"拦住了太平军，可以说正是他这一举措挽救了危亡残喘的清军和长沙城。然而也正是这个"爱民力而轻徭税"的能吏名臣，在12年后斩断了翼王石达开的最后一条生路，骆氏信誓旦旦的"投诚免死"的谎言，也成为他所谓"仁信"的另一面。

后话暂且不提，只说此时的石达开先后痛失两位兄长，悲伤心痛之情难以言表，几乎要将他压垮。但他见到清军以十倍的兵力优势连营十余里，把太平军"锁围"在城南与湘江东岸的狭长地带。太平军北有长沙坚城，西临广阔湘江，东有防线屏蔽，三面受敌，被困在城南一隅，而且盐粮日见短缺，伤药、火药也几乎用尽，已经是兵凶战危，三军告急。于是石达开重新打起精神，要在萧朝贵去世后独自一人承担起前军统帅的重担，开始研究敌我双方的力量优劣，寻找让太平军转危为安的突破口。他的目光在地形图上辗转寻找，而这一番思量，却真的让他找出了一条生路。

10月11日，太平军攻打长沙再次受挫，又损失了五百精兵。石达开借这个机会与东王杨秀清商议改变战术，他说："如今事态紧急，我自请带领精兵过河，转战河西，与主力军队隔河互为犄角，打破四面皆为困的局面。"事不宜迟，在获得了洪秀全、杨秀清的支持后，石达开在10月17日率领两千兵马渡过湘江，占领了河西，而河西这个重地落入了石达开之手，也就奠定了长沙之战中太平天国的优势。

为什么河西这个地方有如此重要的作用呢？其主要原因有三点。第一，河西油盐米谷富饶，当时又正值新谷成熟的时节，石达开占领了河西，就相当于为太平军进攻长沙占领了一个后卫阵地。第二，河西交通便利，有大路北通常德，南达宝庆，一旦太平军作战不利，就可以从这里撤退，有了回旋的余地。第三，河西敌人势力薄弱，一旦攻下河西，那么就打破了敌人的包围，逼他们必须遣兵来攻，使清军被迫分散兵力。

石达开转战河西这一战略可谓是一石三鸟，他自渡过湘水到达河西后，就开始建筑从靳家河到岳麓山的这十多里的沿岸防御工事；并且抢先攻下鱼网坝、橘子洲、阳湖等河西重地，派士兵把守；接着他指挥人在江面上用船搭成浮桥，上钉木板，连通东西两岸，构成了一片"往来如涉坦途"的互为犄角的阵地；最后征集渔船，打造木筏，将在河西收获的大批晚稻，送往河东，接济长沙城下的大军，让局面一下子大有改观。

其实河西这样的战略重地，它的作用清军并非没有意识到。江忠源就曾向湖南巡抚张亮基提出"虑贼渡江筑垒，徐图他窜，请以一军西渡扼土墙头龙回潭之要，渐逼渐进，驱其归巢，可尽歼也"，建议他派兵先攻下河西。这个建议虽然很得张亮基的心意，但却没有办法执行，因为另一位统领向荣与他素来不合，不愿意听取他的意见。直到石达开在湘江西岸获得了大批粮草，源源不断地送往东岸后，向荣才醒悟过来，统兵勇两万，要来收复河西。

但是时机一失便无法挽回，此时的河西已经被石达开的部队牢牢地控制在了手里，向荣的进攻落在羽翼已成的石达开眼里，便是自投罗网的愚蠢之举。从10月16日到26日，这十天里向荣的部下率军六次进犯河西，都被石达开击退，其间石达开甚至过河击杀，两进东岸。受皇命而来"专剿河西之贼"的向荣，见部下几次攻击都一无所获，终于决定亲自出马，率"劲卒"三千余人，进犯河西战场上太平军的重要据点橘子洲，从而爆发了橘子洲之战。

石达开与这位从起义开始就前来剿杀的敌军主将向荣终于迎来了第一次正面交锋，而地点正是后来伟大领袖毛泽东在青年时题下《沁园春·长沙》的橘子洲头。

独立寒秋，湘江北去，橘子洲头。看万山红遍，层林尽染；漫江碧透，百舸争流。鹰击长空，鱼翔浅底，万类霜天竞自由。怅寥廓，问苍茫大地，谁主沉浮？

同是寒秋，同是橘子洲头，同是少年英豪壮志凌云，同是一腔热血救国救民，同是反抗侵略反抗压迫的斗争起点，时隔百年，橘子洲旁的湘江水一样流淌，冲刷着历史的痕迹。而此时，正是石达开失去萧朝贵相助后第一次独扛战旗，一战成名的时刻，那一年，他二十一岁。

10月31日，向荣亲率精锐3000余人，由岳麓山大营渡江，登陆橘子洲，企图楔入东西两岸的太平军中间，截断两岸太平军的联络。石达开带领太平军藏匿在橘子洲南部的树林之中，不时派出小队人马诱敌，一旦看到清军放枪攻击，就跑进林中躲避，这样多次来回后，慢慢把清军包围，向荣部下官军的视线被林木所蔽，根本没有发觉自己已经陷入圈套。石达开见敌军全部陷入重围，下令突袭，太平军"疾趋如风"，借着自己对地势的熟悉直击向荣部，杀得清军四处溃逃，鲜血真正染红了橘子洲。向荣因为骑快马突围而逃出一劫，但游击萧逢春、部司姬圣脉皆战死，清军士卒死者千余，"城上诸军望见，为之夺气"。

石达开首次独立作战，就打了一场翻身仗，获得了太平军自攻打长沙以来最大的一场胜利，巩固了太平军对河西地区的控制，牢牢把握住了战场的主动权。也是这一仗，打得清军闻风丧胆，败走的向荣再也不敢踏上河西战场，之后除了朱启仁、张国梁曾尝试攻打浮桥，被达开败退外，再也没有胆敢进犯河西之人。就连激愤非常的湖南巡抚张亮基原本拟定的亲自攻打龙回潭的计划，也在后来因为胆怯被他自己抹去，所以"原有官兵万余，向军门亦在焉，不能堵贼北窜"，而石达开能征善战之军威，也自此名震三湘。

石氏敢当

橘子洲大捷后，太平军进攻长沙已达八十天之久，长沙城久攻不下，又有数量众多的清军在一旁虎视眈眈，大军如果继续滞留长沙城外，与背后有整个清朝政府支持的敌人拖时间，打消耗战，实在得不偿失。而且，虽然石达开开辟了河西粮源能够提供接济，但食盐、弹药等物质却无法得到补充，已经严重影响到了太平军的攻城效率。

洪秀全等人根据"略城堡、舍要害"的原则，认为不能再固守长沙，撤围转移，重新制订行军道路和战略方针，也就成为必然的选择。经过一番讨论研究后，最终决定全军渡过湘江，由西岸进行转移，而石达开则负责转移中的战役准备工作。

石达开依据之前成功突围、转移的经验，再次设下了一出疑兵之计。11月30日，天平军第三次穴地攻城失利后，石达开派了一名刘姓太平军头目，"投向公营"，假意向敌人告密，声称太平军正对准天心阁挖掘地道，向荣立即告诉张亮基"嘱严备之"，而听到这个消息的张亮基等人如同热锅上的蚂蚁，惶然不知所措，下令全军满城搜索地道。这天夜里，趁着"有旋风挟急雨"，太平军全体秘密渡河，从东岸来到了西岸。东岸清军还在手忙脚乱地寻找地道，根本"未料贼骤去"；而留在西岸的向荣等清军，也"毫无察觉"，就这样让太平军完成了战略转移的第一步。

石达开与东岸来的军队会和后，迅速派遣部队前往龙回潭。要说这龙回潭简直是敌人专门留给太平军的突围口，只因石达开橘子洲一战把清军吓破了胆，竟然没有人敢来守卫这西岸的战略重地，生怕捋了石达开的虎须，落得个与萧逢春、姬圣脉一样的下场。于是石达开凭借前一战的余威，"不战而夺人之路"，通过龙回潭控制了前往湘潭、宁乡的交通要冲。并在此地"分十股向南行"，作出要往湘潭去的样子，诱导敌人产生错误判断，果然清军追击到这里，向荣见到痕迹后，断定太平军"将窜湘潭，即夜传令，饬东岸官军尽趋湘潭"，追错了道路，而大股太平军则顺利地从西北往宁乡而去，开始了占益阳、下岳州、攻武昌的新征途。

值得一提的是，太平军从龙回潭撤走后，长沙的清军将领追捕不力，生怕遭受责问，就选择捏造战绩邀功请赏，又因为惧怕石达开用兵如神，所以一番思考后，就有了"伪翼王石大剀亦经击毙"的奏称，可惜这一番胡言乱语很快就被拆穿。两个月后，咸丰皇帝见到向荣的奏报上又有石达开的名字，回忆起之前的折子，就御笔朱批亲自提出质问说："何又有石达开？
是否即系石大剀？"让这件编造战功的事情成为笑柄，自此之
后，石达开也有了"不死"之名。甚至在他真正去世后，还有
各地豪杰假托他的名义进行起义，实在是英勇不死石达开，长
使君王不敢眠。

　　太平军自从长沙撤围后，继续北上，石达开为先锋一马当
先，1852年12月3日，攻下了益阳城，收编了数千只民船，让太
平天国拥有了第一支可用的水师。之后太平军利用新加入的水
师装载士兵和辎重前往岳州，守城的湖北提督望风而逃，太平
军又下一城，而且岳州作为水陆要冲，船只很多，使太平天国
的水师力量得到了很快的提升，从此"往来自如"，甚至建立了
水营。石达开借着连下两城的气势，继续高歌猛进，"自岳州起
程，千舸健将，两岸雄兵，鞭敲金镫响，沿路凯歌声，水流风
顺，计数日驻营鹦鹉洲"。十日后，又打下了汉阳，太平军势
如破竹，直逼武昌而去。
　　武昌是一座历史文化名城，也是当时的军事重镇，与汉阳
隔江相望。因此，太平军打下汉阳后，为了进军武昌，就建设
了一座从汉阳晴川阁到武昌汉阳门的横跨长江的浮桥，这座浮
桥是用长缆绳捆绑巨木，再在上面铺木板而成，把天堑变成了
通途，从此人和马在江上来来往往，就都如履平地，甚至到了
"更多系大铁锚重三四十斤者抛江中，视前益稳固，虽大风浪

不能动"的地步。这座一夜之间架起的大桥将武昌城内的清军吓了一跳，他们悬赏万两黄金招募能够毁掉浮桥的人，却始终没有人能做到。

不久之后，向荣率领援军赶到，想要攻下洪山，来达到支援武昌的目的。石达开率领一队士兵迎战向荣，那向荣一见石达开顿时斗志全失，惶惶然逃离而去，武昌也因此再没有迎来援军，变成了一座孤城。武昌守城的将士为了拖延时间，坚壁清野，烧毁了城外大片民房，诸多百姓流离失所，但这种做法也没能让他们坚持多久，1月12日太平军用地雷炸毁了武昌文昌门的长墙，武昌从此被太平天国收入囊中，成为天国起事以来攻下的第一座省城。

占领武昌后，洪秀全利用修建的浮桥，令"罗大纲，石达开往来为游兵"，加强武昌城的防卫工作。石达开负责指挥陆师，与任水师统帅的罗大纲互为助力，策应两岸。当时的石达开守城采取的战略是"守险不守陴"，它的含义是不在城内守卫而在城外险要的地方建筑长墙来守卫。罗尔纲在《太平天国史稿》中解释作："守陴则力分，敌人可以乘防守薄弱处攻入；守险则力聚，以逸待劳，易操胜算。"并称赞石达开这一计策"实得兵法的窍要"。确实，石达开凭借严格的守卫屡次击退向荣部的攻城，将武昌守得刀割不进，水泼不入，可称得上是固若金汤。

除此之外，石达开与之前每次进驻城市一样，严格控制军队不许扰民，奉行"官兵不留，百姓不杀"的原则，还为之前房子被烧毁无家可归的流民提供庇护，这些行为深得百姓爱戴。据《武昌兵燹纪略》所言，在太平军离开武昌时"男子从者十之九，女子从者十一二"，跟随太平天国起义的人数已经多达五十万之众，其中也有石达开严明军纪、善待百姓的功劳。

太平军在武昌城中休整一月后，天王洪秀全决定放弃武昌，全军顺江东下，攻取金陵（今江苏南京）。1853年2月9

太平天国自武汉顺流直下南京

日，太平天国全军离开武昌，分成水陆两路东下，当时的场景是艨艟万艘，桅杆如林，旌旗蔽空，浩浩荡荡，十分壮观。《贼情汇纂》称："行则帆如叠雪，住则樯若丛芦，炮声遥震，沿江州邑，无兵无船，莫不望风披靡。"

石达开率领秦日纲、罗大纲、赖汉英等作为先锋出击，13日到达广济，听说两江总督陆建瀛亲自在老鼠峡设下埋伏，于是派遣士兵伪装成向荣的通信兵，引诱对方出兵，大败敌军，逼得陆建瀛深夜乘小舟逃跑。

太平军占据了巢湖后，消息很快就传到了九江，江西巡抚张茶大惊失色，迅速逃走，石达开大军未至，"文武弃城远避，兵勇闻风先散"，于是石达开率领太平军从巢湖顺流而下，在仅仅五天后的2月18日，就攻下了身为安徽、江西、湖北三省门户的九江城，缴获了大量的粮食、军械。到了这个时候，太平军的仁义名声已经广为流传，沿江的百姓都箪食壶浆来等待太平军的到来，就连安徽各地乡绅都预先造好当地名册，一旦太平军到达，就出迎献册归降于太平天国。借着这股东风，石达开继续行军，2月24日，攻下了安徽省城安庆，3月4日攻克芜湖，3月7日又打下太平府（今当涂）与和州，锋芒直指南京城。当时的百姓还专门作民谣称颂石达开攻克当涂的壮举称：

> 一炮落下水，炸开丹阳湖。
> 一将登采石，攻破城当涂。

不是城豆腐，人是铁丈夫！

　　我们从中可以想象到那时的少年英雄石达开领太平军一路势如破竹，连下数城的豪迈英姿。从1853年2月9日从武昌出发，到3月8日兵临南京城下，这期间石达开为全军先导，自武昌东下金陵，连克九江、安庆、当涂、和州，二十八天挺进一千八百里，战无不胜，攻无不克，令清军闻风丧胆，号之曰"石敢当"。

　　这是太平天国发展史上最神速的阶段，也是石达开风头正劲一路攀登的上升时期，"一月倾三省"的壮举不仅让太平天国的星星之火成为燎原之势席卷了大半个中国，也让石达开"石氏敢当"英勇善战的名声随之传遍了整个中华大地。各省各地的起义军队见此盛况纷纷前来投靠，一时间风起云涌，龙虎际会。

　　六朝古都南京城就在眼前，石达开推翻清政府，实现天下大同的曙光也仿佛就在前方，各路人马齐聚南京，一场大风暴即将到来，而在这场风暴中最醒目的人物，无疑正是如今踌躇满志直逼金陵而去的这位年轻的将领。

定都金陵

　　1853年3月7日，石达开攻破当涂后，前锋部队当晚就直奔南京，在城外善桥一带筑起了24座营垒。之后不过两日功夫，陆路部队就分兵往南京聚宝、仪凤、水西、旱西诸门而去；水师部队也陆续开到，分泊于上河、下关，占据了南京江面与浦口镇，这样水陆连营数十里，把金陵这座六朝古都彻底包围了起来。

包围南京城后，石达开见城内敌人防守严密、弹药充足，与太平军相比具有物资上的优势，于是他先采用扰军的策略打乱清军的布防节奏，派人"运西天寺罗汉五百尊，高下排列，插贼旗数十面，悬灯点烛于其间，数十人不时呐喊"，使敌人以为太平军发动攻城，就急急带兵来守，几次之后，清军都是疲惫不堪，如同惊弓之鸟。除此之外，石达开还用纸草扎成数百个稻草人，将它们放在马背上，让这些"稻草骑兵"沿着南京城疾奔，已经草木皆兵的清军见到"骑兵"来到城下，自然是一顿枪炮齐上，极大地消耗了守军的弹药。如此几轮削弱了清军的力量后，3月19日，石达开率林凤祥、赖汉英、吉文元等用地雷轰塌了仪凤门、聚宝门、水西门，攻进了内城，先后斩杀两江总督陆建瀛、江宁将军祥厚、副都统霍隆武等多名清朝大将，并通过南城聚宝门、水西门进入南京城，将这座落在清政府手中一百多年的中华古城彻底纳入了太平天国的统领之中。

正如当时的民谣称赞他说：

石达开，真好样，夺采石，勇无当。

一马冲进南京城，太平天国第一王！

石达开进入南京城以后，遵循"攘外必先安内"的原则，立即发布安民告示，抚慰城中人员称"百姓勿惊，照常贸易"，尽快恢复当地原来的社会秩序，让百姓们继续各安其业。另一方面，石达开下令搜捕残敌，加强南京城池防御，加强城内外巡逻，防止奸人歹徒趁乱作恶与清军的进攻。这一系列活动，获得了南京居民的拥戴和好评，巩固了革命的成果，也为东王杨秀清、天王洪秀全进入了南京城做好了铺垫。

正是石达开凭借自己一腔反抗清政府，谋求天下太平的心愿尽心竭力，凭借"不惮劳瘁，尽心竭虑，百计图维，又不知若何辛勤矣"的付出，才打下并稳定下了南京城。

如《天情道理书》曰："武昌而至金陵，地经千余里之遥，关津之险要若何？城池之坚固若何？攻取似非易易，即日可胜，亦将旷日持久而后可耳。乃不过一月之久，由武昌顺流而东，历江西，过安徽，直捣金陵，毫无阻滞，乃至省城，其城垣之高厚，地方之辽阔，实有过于他者，攻之宜较难焉。孰知十日之间，一举而成。"太平天国这样迅速而又重要的成功并不是从天上掉下来的，而是由数千数万个如同石达开一样的人，为了天下大同的梦想，为了推翻压迫他们的清政府而不畏战死、勇往直前才实现的。安民的策略赢得了全国千百万劳动人民的拥护，无畏的士气推动太平军不断前进，可惜的是，这段高歌猛进的时间并没能维持多久，很快石达开北伐的脚步就被迫中断，而太平天国的领导人们，也大多忘记了自己革命的初衷，违背了当初许给起义百姓的诺言。

3月28、29日，东王杨秀清与天王洪秀全先后进入了南京城，太平天国主要领导人的入驻南京，标志着太平天国反封建反侵略事业的巨大成功，同时也让太平天国面临了一个艰难的选择——继续北伐或是定都南京。太平天国内部的将领们也分成两派，就北伐或是定都的问题展开了讨论。

石达开作为主战派和罗大纲等人建议全军继续北伐，因为石达开看清了定都南京的重要弊端，那就是如果主要军队停驻在南京，将来一旦继续派兵北伐就必然会拉长战线，而孤军深入是兵家大忌，又失去了此时一鼓作气的声势，北伐成功的几率必然会大大降低，而且此时南方七省尚未平定，定都南京也并不是安稳无忧。罗大纲更是说："天下未定，乃欲安居此物，其能久乎？吾属无类矣。"对主张定都的人直言不敢苟同。

其实从当时的实际情况来看，石达开无疑是更具有远见卓识的，因为在太平军占领了南京这个可以称作"小京城"的六朝古都后，不仅在精神上给了清政府很大的压力，也截断了清政府从南方往北京运送粮食的通路，一时间京城粮价涨得飞快，官员、百姓纷纷对清王朝的统治失去了信心，举家准备逃跑，据《镜山野史》记载，当时"京师震动，部内部外官僚送

太平天国天王府

回家眷，闲员学士散归大半，京城一空"，可见北方是人心惶惶，政权分崩，一片大乱，这正是太平军挥师北上，彻底推翻清政府统治的绝好时机，可惜的是，太平天国的领导人经过一番讨论后，放弃了这个机会。

1853年3月底，太平天国的领导人从"专意金陵，据为根本"的战略角度出发，认为南京"乃王气之所钟，诚足为后日建天京之所"，于是定都于金陵，改号天京，从此开始了太平天国发展的一个新阶段。

在定都天京之后，太平军经过一番休整，开始派遣军队进行新一轮的北伐和西征，此时的石达开则留在天京辅佐东王杨秀清处理政务。原来，洪秀全虽然受封天王，但却并不管理具体事务，天国的内政军务大小事宜都由曾经假托"天父下凡"独揽大权的东王杨秀清一手主管。而定都南京前，南王冯云山和西王萧朝贵都已经先后战死，最初义结金兰的六位兄弟，除去洪、杨之外就留下了翼王石达开和北王韦昌辉。杨秀清因此以石达开和韦昌辉为左膀右臂，让石达开辅佐行政政务，参与选官，审查布告，并兼管财务等；韦昌辉则担任天京防务，掌管军事，加强防卫。

　　说到北王韦昌辉，这也是一位重要的人物，他是广西桂平金田村的一名客家人，家资富有，少曾读书，知文义，有才华，遇事能见机应变。但因为"人少无功名，有钱无势"，所以常受当地大户的欺侮与讹索，后来与冯云山一席谈话后，就毁家纾难，加入了反封建的拜上帝会，并在韦家与洪秀全、冯云山、石达开等人结为兄弟，称天父第五子。随着革命的发展，韦昌辉后来在金田起义后领右军主将，永安建制时官封北王，称六千岁。此时的韦昌辉负责天京的军事防卫，听命于杨秀清，但是由于天京内部的权利之争，韦、杨之间的矛盾不断激化，韦昌辉对杨秀清可以称得上是阳奉阴违，几次想要夺权。全仗年青忠厚，不喜欢争权夺利的石达开在其中调和，才没有发生明显的冲突。

　　这看似安稳的天京，实际上却是暗潮汹涌，无论是洪秀全身为首领却没有实权，还是韦昌辉对杨秀清面顺心逆、怀恨在心，都成为埋藏在太平天国兴盛扩展表象下的暗疮，一旦发作，就必定会让整个天国受到重创。

太平天国定都金陵后的问题却不只如此，除了内部的权力斗争之外，诸王见革命初有成果，也纷纷兴起了享乐主义。首先是在进京后大兴土木修造王府，甚至为此毁坏民宅，挪用国库财富。据谢介鹤在《金陵癸甲纪事略》中记载，洪秀全入城时"居制君府毁民居，拓益其巢穴，为号王府，周围几及十里"。杨秀清也是"亦毁民居拓益之，周围六七里，后山山也，掘为池，前街街也，易以墙"。这些地主文人的记载虽然存在一些诬蔑之词，但我们也确实可以从中可以看出洪秀全、杨秀清诸王扩建王府，劳民伤财的奢靡腐败之气。

其次，诸王还大肆铺张，制定了一系列的制度，让每位王都有自己王殿内独立的部属和仪仗队伍。按照相关制度，石达开也拥有一个庞大的翼王府机构，翼殿应该有六部尚书各一人，共计六人，还有"承宣廿四人，仆射十六人，左右掌门二人，左右指使二人，大旗手一人，左右参护八百人，典翼舆头目正副各一人，典翼舆八百人，典翼马六十人，典翼袍二人，典翼乐八十人，典翼仆八十人……"共一千多名人员，而这些配备大多是为排场而设置的，有实际意义的很少，就造成了严重的冗官现象，造成了极大的浪费。

最后，各位天父天兄在攻下南京后广选美女，充作"王娘"。他们也制订了相关制度，让诸王按照定制就可以分到许多天姿国色的民女来当王妃或侍从。据洪秀全之子后来的供词，仅洪秀全一人就拥有妻妾八十八人，宫女一千多人，杨秀清也抢掠十三至十六岁的美女六十多人供自己享乐。而太平天国的军营内，却被这些广纳美人的诸王设置成了清心寡欲之地，军内男女分营，即使是母子、夫妻也不能私下见面，夫妻未经批准同居，按法律"男女皆斩"。这样的双重标准让太平军内部产生了许多怨言，而洪秀全也违背了当初的诺言，把天下百姓的"天国"，变成了诸王的"天国"。

在诸王纷纷如此奢靡铺张的背景下，石达开独善其身的坚持就显得尤其珍贵。石达开出身于富农之家，从小就接触下层群众，深知农民疾苦，所以入城后，他就居住在大中桥刘宅，并未毁坏民居。而太平天国为翼王配备的一系列仪仗队伍，石达开也从未使用过，据记载翼王赴安庆易制时，石达开率同主要官员及部分士兵，一点也没有声张，还命令附近百姓不要逃避，他特意将入城选择在夜间，也是不想惊扰百姓。甚至诸王选美的事情，石达开也从未参与，翼王府内的七位"王娘"，都是东王赐予，石达开屡次推辞不许后才被迫收下的。

后来石达开从安庆回京，天京已经按照规格为石达开修建了翼王府。新修建的翼王府大门上画着一龙一虎，石达开亲自为翼王府题写了悬挂的对联，将"翼王"两字嵌于首字，其中一联是：

翼戴著鸿猷，合四海之人民齐归掌握；

王威驰骏誉，率万方之黎庶尽入版图。

另一联是：

翼德威明，鄙阿瞒如小儿，能视豫州同骨肉；

王陵忠义，弃项羽如敝屣，独知刘季是英雄。

石达开的生平宏愿，已尽在这两副对联之中，他希望太平天国能早日统一天下，使万方黎庶尽入版图；他希望能有如同刘邦一样爱民如子的帝王推翻清政府，善待天下百姓。这样的志向激励着他，也提醒着他，让他不断前进也不断自省，身在富贵却不改变志向，居于高位却不泯灭初衷。孟子云："富贵不能淫，贫贱不能移，威武不能屈，此之谓大丈夫。"石达开用自己的一生为这句话做了完美的注解，不愧为一个真正顶天立地、铁骨铮铮的大丈夫。

安庆易制

太平天国定都金陵后，实行政令权力高度集中的制度，各级将领和官员，都要将军事和政务上的情况与问题，按时向中央请示报告，层层上达，由下官到上官，再从上官到各王。石达开在此情况下辅佐处理政务，所有政事先由东王殿下府中的侯相商议停妥，再由石达开初步定夺，写成诰谕，再反馈给东王杨秀清审批，通过后才能形成正式公文分递各分处。石达开作为东王杨秀清的重要助手，可以称得上是日理万机，有时一天要处理几百件公文，十分辛苦。

石达开在具体辅政的分工中掌管天国的"圣库"，统计收缴进天朝圣库的物资，并为参加革命的起义军供给事物、服装等日常用品；监督太平天国的诸匠营和百工衙，统一制造枪炮、货币、建筑等；还同韦昌辉一起负责太平天围的外交事宜，接见了英国、法国和美国前来天国拜访的公使。石达开对这些西方侵略者的使臣持"全神窥察之态度"，向外国使者明确表示："尔等如帮助满人，真是大错，但即令助之，亦是无用的。"强调在太平天国的统治范围内拒绝承认外国侵略者同清朝政府签订的一切不平等条约，并严禁鸦片贸易，这些观点都体现出石达开反抗外国侵略的坚定立场和态度。

随着太平天国在南京的统治秩序不断巩固，1853年冬天，洪秀全正式颁布了《天朝田亩制度》，根据"凡天下田，天下人同耕"的原则，把每亩土地按每年产量的多少，分为上、中、下三级九等，然后好田坏田互相搭配，好坏各一半，按人口平均分配。

天朝田亩制度的颁布意味着太平天国终于废除了封建土地私有制，并根据"天下大家处处平均，人人饱暖"的准则建立

太平天国颁布的《天朝田亩制度》

起地方农民政权，组织农民生活。然而这是一个彻底平均主义的乌托邦方案，主张"天下皆天父上主皇上帝一大家，天下人人不受私，物物归上主"。不允许任何人保留有私人财产，"凡天下田，天下人同耕，此处不足，则迁彼处，彼处不足，则迁此处"。太平天国的统治者本来是希望通过这样的方案，建立"有田同耕，有饭同食，有衣同穿，有钱同使，无处不均匀，无人不饱暖"的理想社会。

但是实际上，这些规定只能算是一个理想化的方案，土地的平均主义在当时的社会条件下只能导致百姓的普遍贫困化，对生产力反而起了破坏的消极作用。太平天国力图推行的这些空想的政策，遭到了包括南京在内的太平天国统治底下农民们的普遍抗议，认为这是"荡我家资，离我骨肉，财物为之一空，妻孥忽然尽散"，这种现象在安徽尤其严重，农民对要没收他们一切私人财产的太平军严厉抵制，史书记载称"皖省民情顽悍，以太平之宗教法制之不相习也，多抗命"，安徽的百姓不服从太平天国的统治，反抗情绪与日俱增，一旦安抚不善，随时可能反叛。

安徽位于华东腹地，跨长江、淮河中下游，东连江苏、浙江，西接湖北、河南，南邻江西，北靠山东，既是天京的必要屏障，也是太平军进取湖北和江西的重要基地。当时，随着北伐和西征部队的进军，安徽已经成为天京粮食来源和军需物资供应的一个重要战略根据地，一旦安徽脱离控制，就必然会对天国的事业造成不可估量的损失。

天朝田亩制度带来的危害并不止于安徽一省，纵观此时天国内外的局势，实在是不容乐观。天京内部国库空虚，按照《上向帅书》的说法，天京建都之时（1853年3月中）圣库中存银1800万两，至1853年10月，只剩下800多万两，这种严重的入不敷出固然有诸王奢侈挥霍的原因，更多却是由于平均土地后天国失去了税收来源，长时间的坐吃山空，让天国连《田亩制度》规定的份额都要发不下去了，甚至到了"若资乏粮尽之时，或减半给发，或全不给发。如江宁城中一概吃粥，扬州城中煮皮箱充饥"的地步。除此之外，西征战场也陷入了困境，西征的太平军采取跳跃式前进的办法，对城池随占随丢，占领的地方也不设官治理，形成打了下一城，丢了上一城的尴尬局面，反封建进程收效甚微。

此时的太平天国已经是外强中干，看似仍在不断发展，但内里已经空虚，在政治、军事、经济三方面都遇到了瓶颈，而安徽百姓的群起抗议仿佛是压垮骆驼的最后一根稻草，终于让杨秀清承认"此令已无人理，究不能行"，开始寻找解决问题，创立新局面的方法。这样一来，杨秀清就把眼光放在了天国公认"文武备足""谋略深深"的翼王石达开身上，派遣石达开前往安庆安抚百姓，节制西征，寻求应对之策。

临危受命的石达开慨然上任前往安庆，在这个广阔的政治舞台上充分发挥自己的政治才能，开始了自己独当一面的政治历程，而这场历程的起点——安庆易制，也彻底改变了太平天国"先时数千里所过不留，未尝行设官安民之事"的作风，让这个打下了半个中国的政权终于开始从打天下的军队变成了"军用裕而百姓安之"的坐天下的王朝。

1853年9月25日，石达开带领检点张遂谋、覃炳贤、梁立泰，指挥许宗扬、张潮爵、曾天浩、赖裕新等五六千太平军，乘着六百艘船抵达安庆，当时石达开的军队中除了这些已经很有名气的大将外，还有两位此时还不出众却在后来名震天下两

李秀成画像

个人物——陈玉成和李秀成。陈玉成这时是"左四军正典圣粮，职同监军"，在前线英勇作战；李秀成却是把安庆易制作为了他政治生涯的起跳点，两年半时间里以平均每年升两级的速度从这时的监军一路被提拔到地官副丞相，跻身高级将领行列。《李秀成自述》中他提及这段经历"同翼王上安省安民……勤劳学练，生性秉直，不辞劳苦，各上司故而见爱。逢轻重苦难不辞，在皖省巡查民务，又兼带兵，修营作寨，无不尽心"。让我们可以从他的讲述中窥见石达开安庆易制的另一个剪影。

其实石达开初到安庆的情势并不乐观，从外部来看，清军虎视眈眈，随时准备乘虚而入夺回安徽，已革按察使张熙宇、汉中镇总兵恒兴带领了一千多人与游击赍音泰统领的一千人在安庆外不远处的十里铺安营扎寨，并常到北门一带骚扰。从内部来看，安庆百姓畏惧太平军如同畏惧虎狼，从地主官绅到农民商贩纷纷躲避甚至举家迁徙，太平军内外交困，处境十分艰难。

正所谓"卧榻之处岂容他人酣睡"，石达开深知此时只有先除掉盘踞在安庆城外的清军才能尽快稳定局面，并重新树立起太平天国的威信。于是当月25日，石达开率领太平军攻打十里铺，大败赍音泰部；同时另派一支军队进击集贤关，吓得正在吃饭的张熙宇"闻兵声投箸，踰垣而走"，守关之兵也随之逃散。此一战后，安庆城外的清军已经尽数退走。石达开又将带来的士兵们分成四路，一路向北进击枞阳，一路向南攻取建德，一路向东占据池州，一路向西把守潜山，这样就清剿了四方的城池，各路大军一同拱卫安庆，让安庆再无外患之忧。可以说，初到安庆的石达开就用军事上的胜利，为之后的辅政安民提供了良好的外部环境。

经过一番雷霆万钧的军事出击后，石达开开始在政治上安抚百姓，他首先下发告示，说明自己来安徽的目的是"抚安黎庶，援救生灵"，劝导"良民各安生业，勿受妖惑，惊惶迁徙"，并将《东王杨秀清西王萧朝贵安抚四民诰谕》广为散发，宣传太平天国仁义之师的名号来安定民心；之后石达开又着手废除了几项让百姓深恶痛绝的弊政，比如没收民众私产充入公库的

"圣库"制度、拆散家庭实行军事化管理的男女分编制度，打消了那些担心被迫解散家庭，没收财产的百姓的顾虑，让他们放心地各安其业；最后，翼王繁复冗杂的仪仗队伍和宫殿标准也被石达开弃用，进入安庆后的石达开直接入住安徽巡抚衙门，只根据太平天国的风俗习惯进行了简单的修改，其后数年也始终未在安庆修建王府。这些"安抚黎庶，慰问疾苦"的政策大有成效，民众们恢复了对太平天国的信任，让石达开之后的"新政"得以顺利推展。

石达开见安庆的外部环境已经肃清，内部的百姓也已经被安抚，终于可以开始着手改弦更张，推行他的新政策了，而石达开这次下发的政策也是安庆易制的最重要的内容，可以概括为"征租税，安农商，定乡官"。

所谓"征租税"，就是废除了《天朝田亩制度》规定的每年"新得米粒全得归天王收去"的政策，而采取"督民造粮册，按亩输钱米"的纳税制度。这种政策是按田亩的数量来征收一定的田赋，但与清政府的旧政策有所不同，安庆的农民在交纳了田赋之后，不必再交清政府时期的一切苛捐杂税，可以有较多的余地余粮改善自己的生活。这一政策极大地调动了农民的生产积极性，收缴的租税也大大缓解了太平天国的财政困难。

所谓"安工商"，就是改变了原来"废除私人工商业""凡物皆天父赐来，不须钱买"的政策，允许私人从事各种正当的工商各业，只要按政策缴纳赋税，就可以照旧各安其业。石达开"安工商"后，商品交易畅通，得到实惠的百姓十分拥护天国，甚至出现了"贼（指太平军）至争迎之，官军（指清军）至则罢市"的局面。

所谓"定乡官"，就是在太平天国占领区重新建立地方政权，并恢复开科考试录用人才的文化政策，广选人才治理国家。石达开不拘一格降人才，还重用地主文人，让他们也为太平天国的稳定发展发挥才干。

石达开安庆易制期间，捷报频传，百废俱兴，乡民都纷纷赞颂石达开的功德，新政取得了极大的成功。湖北巡抚胡林翼见此情况说皖民"果于从逆""迷溺尤深"，《太平天国野史》也记载"军用裕，而百姓安之，颂声大起"。这一年的会试，天王洪秀全亲自题诗"翼化如春润"，嘉奖石达开安抚百姓的政绩。

石达开新政的功德不仅泽被了安徽一省，安庆易制的成绩也给了留在天京的诸王启发，石达开1854年述职时，与东王杨秀清、北王萧朝贵一起联名上书给天王，恳请更改旧制，洪秀全批准通过，新政正式在太平天国的统治范围内推行，一时间"军民相悦，粮钱大丰"，消除了旧制造成的经济困境，天国的局面也为之焕然一新。

正是因为石达开怀着反抗清政府暴政，为天下万民谋平安的伟大志向，日复一日勤学不辍，所以才在年纪尚轻时就拥有了武能上马安天下，文能泼墨定家国的才能。而石达开在以安庆易制实现了自救助百姓的理想之后，马上也将迎来自己在军事上的巅峰成就——湖口九江大捷。

督师湖口

1853年5月，太平天国定都金陵大约两个月后，为了夺取安庆、九江、武昌这三大军事据点，控制长江中游，拱卫天京，太平天国派胡以晃、赖汉英等率领大军开始了沿长江流域而上的西征。从1853年6月到1854年4月，西征军连续攻取了长江中下游大片地区，后来在石达开安庆易制的辅助下，以安徽为根据地又控制了江苏、江西、安徽、湖南、湖北的许多战略重镇，威震两湖三江。

可是，正当西征军以全胜之势打算一举平定湖南时，他们却遇到了一个极其难缠的敌人，那就是曾国藩和他的湘军。

提起曾国藩的大名，那真正算得上是如雷贯耳。他出身于湖南长沙的一个地主家庭，自称宗圣曾子七十世孙，是中国近代著名的政治家、战略家、理学家、文学家，与李鸿章、左宗棠、张之洞并称"晚清四大名臣"，也是湘军的创立者和最高统帅。1838年，27岁的曾国藩通过科举踏上仕途之路后十年七迁，连跃十级成为兵部右侍郎。1853年，母丧在家的曾国藩又借着清政府急于寻求力量镇压太平天国的时机，在其家乡湖南一带，建立了一队地方团练，就是后来名震天下的湘军。8月，曾国藩获准在衡州练兵，"凡枪炮刀锚之模式，帆樯桨橹之位置，无不躬自演试，殚竭思力"，并派人赴广东购买西洋火炮，筹建水师，建立起了一支强大的水军部队。

曾国藩的这支湘军既不同于一般的地方团练，也不是受清廷直接指挥的经制之师，而是只属于曾国藩的私人武装，这种私人武装具有兵归将有、军饷自筹的独立特点，所以与受到多方控制的八旗军、绿营军相比拥有更强大的战斗力。1854年4月，曾国藩率领这支已经拥有陆军和水师一万七千多人，战船四五百艘，炮位数以千计的军队在湖南大败太平天国的西征军，湘军从此一战成名，并在之后的八个月连续出击夺取了湘潭、岳州等军事重镇，成为最让太平军头疼的一支军队。而石达开即将正面对抗的，也正是这支强大的湘军。

同年10月初，打下岳州后的湘军继续向武昌进犯，驻守武昌的石凤魁作战不利，让停留在武昌的太平水师千余艘船只被焚毁，自己也在战败后逃走，让武昌这一要地也落入了湘军手中。自此之后，太平军的西征部队在两湖占据的重要据点全部丢失，湘军由武昌沿水路东下，已经威胁到了太平天国在南方攻占下的大片土地。而此时，不但西征军面临严重失利，天国的北伐军也遇到了困境，这年春，曾经推进到天津附近的北伐军，也因为战线过长粮食不足而被迫南撤。北伐、西征都接连受挫，又有凶猛善战的湘军随时准备反击，太平天国遇到了前所未有的重大危机，形势异常严峻。

面对不利的局面和来势汹汹的曾国藩部众，东王杨秀清又惊又怒，立即派人将黄再兴、石凤魁等作战失利的将领锁拿回天京，任命秦日纲为西征主将，加派胡以晃、陈承镕、韦俊、石镇仑、韦以德、张子朋等人前往援助，并且派遣石达开二次出镇安庆，监督大军作战，力图阻挡湘军的进一步东侵，保证天京的稳定。

1854年10月，石达开终于率领大军抵达了安庆府，此时的曾国藩带领着湘军和湖广总督杨霈相互配合，已经从武昌东下，即将突破湖北进攻江西，而新任西征主将秦日纲则率领援军驻扎在湖北、江西交界的田家镇一带，与湘军再次形成了对峙之势。

田家镇位于长江的北岸，和南岸的半壁山相互呼应，是贯通湖北和江西的交通要冲，历来有着"两江门户""金陵咽喉"之称，是太平军必须坚守住的军事重地。所以石达开初到安庆就写信给当时驻扎在田家镇的秦日纲，建议他注重防守，谨慎行事，一定要"尽心竭力约束官兵防守……先坚筑营盘，方可进兵直剿"，不能贪功冒进，以免损耗过多，让防守再次出现漏洞。

石达开的这一番建议其实是非常正确的，因为当时曾国藩率领湘军一路击败太平天国的队伍，到达田家镇时正是气势如虹，而太平军的各路援军则奔波劳碌，在田家镇又没有完备的防御体系作为依靠，此时两方交战，对太平天国无疑是不利的。如果秦日纲按照他的要求，严守门户，修筑防御工事，就可以打乱湘军的进击步伐，为石达开在湖口、九江等地建造船队，布置守卫提供充足的时间。可惜的是，秦日纲并没有把石达开的这些金玉良言放在心上。

说到秦日纲，他其实也是一位能征善战的太平军将领，在金田首义前就加入了拜上帝会，是太平天国的创始人之一，也很得天王洪秀全的信赖。他曾经与石达开几次在战场上合作，共同创下在永安城外击退乌兰泰、永安突围、攻克南京等显赫的战绩，后来受封燕王，可以称得上是极有军事才能的一员战将。但是秦日纲与石达开之间却一直存在着难以调和的矛盾，他们作为贵县同乡，在金田起义时，秦日纲却不跟从贵县的领导人石达开，反而直属洪秀全；等定都天京后，石达开出镇安庆，政绩显著，深得民心，杨秀清又因为忌惮石达开势大派秦日纲去接收成果；甚至后来天京事变时，秦日纲的亲兵还屠尽了石达开全家。他们两人如此针锋相对，自然可以想见秦日纲根本不理会石达开谨慎用兵的意见，反而背道而驰，轻敌冒进。

从11月28日到12月23日，秦日纲指挥水陆兵马全数出击，在将近一个月的时间里，同湘军在田家镇正面激战，这样一来虽然太平军在开始时获得了局部胜利，但是因为防守不足随后便大败，伤亡惨重，半壁山、田家镇接连被湘军攻克，将军陈文金、陆练福和石镇仑、韦以德等人悉数战死，太平军水营的几千艘船只也被湘军摧毁殆尽。

田家镇大败使太平军在湖北的最后一个据点被敌军攻克，长江中游再无天险可守，更为严重的是，石达开在后方的防御战线尚未完善，前方水师的船只却已经所剩无几，太平军先失去了运输粮草和军需物资的工具与通道，让天京所需的米、石、油、煤等物来路断绝，后没有阻挡湘军南下的屏障，简直算得上是门户大开，太平天国半壁江山沦丧，天京告急，连曾国藩在给咸丰皇帝的上书中都称湘军很快就能"肃清江面，直捣金陵"，革命形势进一步恶化，天国的命运已经危在旦夕。

值此危急存亡之秋，石达开再次临危受命，正式出任西征主帅，经杨秀清任命之后，石达开当即从安庆出发星夜赶到距九江五十里的湖口县城，准备誓死抗击清军，保卫天国。而石达开到达湖口，也真正拉开了这场著名的湖口、九江之战的序幕。

刚刚上任的西征主帅石达开接过的实在是一个烂摊子——兵力不足、物资短缺、大军压境，而太平军面临的最严峻的问题却不是这些，是他们薄弱的防线和与湘军相比太过弱小的水师。要知道湖口、九江一带的防御部署本就远逊于田家镇，加上湘军的水师船坚炮利，训练有素，与太平军大多由民船改建的船只相比具有显著的优势，石达开谨慎分析了敌我实力后，明白这次防守不能力敌，只能智取，于是当即制订了一系列计

太平军使用的小炮

划，力求拖延时间，提升己方力量来扭转战局。

首先，石达开抓住了湖广总督杨霈的北路军相对较弱的弱点，策划了一出围魏救赵的计策，派遣燕王秦日纲、陈玉成、韦俊等绕到蕲州、广济、黄梅一线截杀北路军，从而对湘军后方的武昌造成威胁，逼迫他们回师守城。在湘军回防无暇进攻的时间内，石达开对湖口、九江的防御工事做了从容的布置，等后来曾国藩稳定了后方进击九江时，才发现"九江已屹然坚城，难以遽下矣"。

其次，石达开着力提升太平军的水师力量，他一方面在安庆建立造船厂，昼夜赶制各式战船；另一方面"劫富济贫"，攻打在江西为清政府督造战舰的总兵赵如胜，夺得他们停留在鄱阳湖的战舰百余号，和七百多尊大炮，化敌人的力量为自己的助力。

最后，石达开还利用"惊兵之计"来削弱敌军的力量，每夜在小船上堆积火箭火毯惊扰敌人水师，让"两岸出队千余人，呼声鼎沸，兼放火箭火毯"，逼迫湘军昼夜严防，疲惫不堪，也让他们更加急躁冒进。

石达开这三个计策一出，就把湘军长驱直入连破太平军的不利局面变成了两军对峙的相持局面，从而牢牢把握住了战场的主动权，保证了防御的稳固。果然，1854年12月15日和20日，湘军两次进攻九江，都被太平军严密的防守击退，曾国藩连续攻城不下，不由心情烦躁，加上被湘潭之后的胜利冲昏了头脑，于是绕过九江，派遣水师孤军深入进攻湖口，从而在这里展开了与石达开的第一次正面对决。而这一次对决，从此成为曾国藩挥之不去的噩梦，也成就了石达开能征善战的美名。

九江大捷

1855年1月3日，求胜心切的曾国藩派遣湘军绕过太平军严守的九江，直冲湖口，妄图截断太平军的后路。

湖口县位于九江东部，这里有着雄伟神奇的大孤山、烟波浩渺的鄱阳湖，以及玲珑幽静的石钟山，尤其是苏东坡泛舟夜游，写下了著名的《石钟山记》之后，湖口就更成了文人游览景色，吟咏诗文的胜地。湖口是一个风光秀丽，人文荟萃的地方，但是这里真正让曾国藩和石达开都十分看重的原因却不是名胜，而是它险要的地理位置。湖口上通楚北，下达皖南，还是长江与鄱阳湖之间的通路，历来被称作"七省之通衢，三江之门户"。从唐朝时在这里设置镇县后，湖口就作为长江运输和贸易的中转站，成为兵家必争之地。三国时周瑜在这里操练水军，为赤壁之战的胜利奠定了基础，后来两晋南北朝、隋、宋之时也都在这里展开过大战，而湖口最为著名的一战，则是明太祖朱元璋在这里被北汉王陈友谅包围后，用水师横截江面，牢牢把握住湖口，反败为胜的那一场交锋。而石达开和曾国藩，这两位在当时首屈一指的著名将领，也即将在这里，为湖口的军事史谱写新的篇章。

　　曾国藩决定先攻湖口后，就指挥湘军在湖口后五十里的江面上排兵布阵，湘军水师是由拖罟（曾国藩座船）、快蟹、长龙、舢板几类船只组成的。其中快蟹最大，配有头炮、尾炮、舷炮，其武器最强火力也最猛，其次为长龙，也都是大型战船，主要是用作装载辎重、粮食等，但因为船体笨重，所以行驶并不灵活；最小的舢板以轻快见长，通常是运载着经验丰富的灵巧水军，在侧翼灵活机动地保护快蟹、长龙。这一大一中一小三类船只相互连接相互配合，形成了一片严密的进攻体系，时刻准备进攻湖口。

可是这看似稳固的阵线在石达开的眼中却存在着一个致命的破绽。原来，湘军的这些船只虽然各有所长，配合默契，但它们也只能在连接一处时才能发挥功效，一旦被迫脱节，那么大船上缺兵士，小船上缺武器，就自然失去优势只能被各个击破了。石达开利用对方的这一弱点，定下了肢解湘军水师的作战策略。

1月23日，太平军在鄱阳湖的防御阵线被敌人摧毁，湘军水师连续冲破关卡，焚烧、夺取西征军船只200多艘，大炮70多座，这批所谓的"勇锐之士"见到攻击取得成效后更加骄横，放言要"肃清鄱阳湖以内"。石达开见清军沉醉于胜利失去了戒备之心，就将计就计命人连夜将太平军的大船凿沉在湖中，"实以砂石，仅西岸留一隘口，拦以篾缆"，并且派小股士兵诱敌，且战且退，想要把湘军引入姑塘一带。湘军将领萧捷三等人果然不知中计，继续带领长龙、舢板进军，孤军深入鄱阳湖，与湘军停留在长江的大船相互脱节，石达开当机立断，令士兵们赶快在湖口重新设卡筑垒，一夜之间升起两座浮桥，桥下填满泥土，堵塞了敌人进出鄱阳湖的通路，让舢板、长龙被困湖内，快蟹则滞留长江，湘军水师之间的联系终于被切断，太平军反击的时刻到了。

1月29日晚，石达开首先出动太平军小船20余只，围攻敌人留在长江上的快蟹大船，因为失去了长龙、舢板的协助，所以"外江所存多笨重船只，运棹不灵，如鸟去翼，如虫去足，实觉无以自立"，西征军以小攻大，灵活机动，很快就打败了湘军的巨舰，迫使湘军都司史久立首战毙命。之后，两岸的太平军借地势之便居高临下对鄱阳湖内外的湘军展开了火攻，一时间"火箭喷筒，迷离施放，呼声震天"，焚烧敌船数十艘，湘军士兵见大势不妙，不顾曾国藩、彭玉麟等人声嘶力竭禁止后退的呐喊，只顾"挂帆上驶"一窝蜂地开动战船，仓皇而逃，直退五十多里，败退回九江大营，让湘军水师在湖口连续作战月余的经营在一夜间灰飞烟灭。与此同时，江北秦日纲、韦俊、陈玉成所部太平军陆军也自安徽宿松西进，与水军同时出击，打败清军参将刘富成，占领了黄梅。

石达开指挥下的这场太平军湖口大捷，不仅粉碎了曾国藩夺取九江、直捣金陵的计划，还扭转了西征战场上的不利局面，成为太平军西征部队由败到胜的转折点。但是石达开并没有因此而满足，他决定不给湘军喘息的时间，继续乘胜追击，争取活捉曾国藩，为死去的太平军兄弟们报仇。

2月2日，石达开命令罗大纲再次进击小池口，逼近九江湘军。湘军守将周凤山不敌罗大纲，大败而归，被湖口一役吓破了胆的曾国藩见此情况赶紧召集胡林翼、罗泽南的部队赶回九江保护自己，而正当曾国藩惊慌失措，不知如何是好的时候，他却又接到了一份充满讽刺意味的赏赐。

原来，曾国藩一月前上奏的捷报终于得到了皇帝的批复，咸丰皇帝在朱批中对力挫太平天国西征军的曾国藩大加赞赏，并赏他"御赐黄马褂"、白玉四喜扳指、白玉巴图鲁翎管、玉靶小刀、火镰等物以显示恩宠，这些赏赐对曾国藩来说本来应该是很大的"荣誉"，但这圣旨早不来晚不来，偏偏在他湖口大败、率军逃回九江的路上到了曾国藩的手中，让他喜也不好，忧也不好，更加不知所措，大概也算是历史的促狭之处了。

此时的曾国藩在他宽敞、高大拖罟大船上看着皇帝的赏赐正徘徊叹息，为上一次湖口战役的失败而耿耿于怀，但让他万万没想到的是，一场比湖口大败更为严峻的考验马上就要来了。

2月11日深夜，石达开趁着湖口大捷和小池口大捷的士气，继续对停留在九江地区的湘军发动了反攻。太平军从九江、小池口两处同时出动，驾驶几十只轻便的小船进入了长江，在黑暗中趁着微弱的月光，悄悄潜入湘军的水师部队。随着石达开的一声令下，太平军的火箭和火炮齐齐对着湘军发动，拉开了这场深夜突袭的帷幕。正在湖口大败后休整的湘军丝毫没有防备，被烧到船上的熊熊烈火惊醒后更加惊慌失措，乱成一团，只顾着向上游逃窜。曾国藩想要控制局面而不能，见太平军攻上了他的座船，只慌慌张张地跳上一只舢板逃命去了。

主帅曾国藩这一逃走，剩下的士兵群龙无首更加慌乱，被突发制人的太平军杀得损失惨重，留在曾国藩拖罩大船上的管驾官刘成槐、李子成，监印官潘兆奎、葛荣册都被太平军斩杀于阵前，船上的圣旨、奏稿、文案、图籍还有曾国藩刚刚收到的咸丰皇帝赏赐的黄马褂、翎管、玉扳指、火镰等物品全部被收缴到了石达开手中。不只如此，除了被太平军放火烧掉的湘军船只外，剩下的残船向上游四散溃逃，九江、隆平、武穴、田家镇，甚至湖北蕲州，到处都是逃窜的战船，这些载着粮食和辎重的长龙船因为行进速度慢，所以大多被太平军缴获，后续运粮的士兵听到前方长龙被追缴后，全部丢弃船只逃窜，这支曾经名震天下的"湘勇水师"已经几乎分崩离析。

　　在混乱中逃到南岸罗泽南大营中保住性命的曾国藩听到了前线传来的消息，又惊又怒，羞愤交加之下，写了一千多字的"遗疏"，准备投水自尽以谢君王，罗泽南等人哭着劝谏他以大局为重，要留得性命再图反攻，曾国藩才暂消死志，乃上疏自劾，请"下部严议"。

　　但是曾国藩的自劾和部下的严议策略对于湘军如今战败的局面已经无力回天，在湖口、九江大战之后，太平军收缴了大量物资、气势磅礴，湘军却损失惨重、溃不成军。石达开看出湘军士气全失又后方空虚，于是当机立断转战略防守为战略进攻，将太平军分兵三路，对湘军发动了全线反攻。

　　12日，秦日纲率兵从黄梅攻打杨霈部下军队，与小池口的士兵相互呼应击退了杨霈。15日，秦日纲与小池口的守军合力攻下蕲水，17日，收复黄州，19日，再克汉口、汉阳。在湖口、九江大捷后短短一个多月的时间内，石达开率领太平军一路势如破竹，收复失地，2月27日，太平军第三次攻下了武昌，恢复了天国对从九江到武汉的长江江面的控制，并保住了留在湖北的基业。

随着太平军的一路进击，无力抵挡的清军自然是一路退守，湖北巡抚胡林翼退居金口，湘军主帅曾国藩败归南昌。曾国藩念及湘潭大捷后湘军大败太平军时那等气势，又与如今湖口、九江两战后一路退败的窘境相对比，也不由感叹"每闻春风之怒号，则寸心欲碎，见贼船之上驶，则绕屋彷徨"。

在湖口、九江两次战役中，石达开受命于败军之际，运筹帷幄，巧用计谋以弱胜强，在大厦将倾之时力挽狂澜，逼得一代名臣曾国藩几近投水自尽；并抓住时机推进西征反攻，"陷武汉，扰荆、襄，蹂崇、通，破义宁"，使得从天京到武汉的千里长江上尽是太平天国的船帆，两岸的百姓都纷纷归顺，一时间"长江汉河寇氛充斥，巡抚号令不出三十里"，实在不愧曾国藩对他"骁悍之魁"的评价，而石达开督师决战实现这千古功业的时候，还只有二十三岁。

经略江西

湖口、九江大战后，虽然湘军损失惨重，被迫退守，但曾国藩并不甘心就此失败，败退南昌的曾国藩经过短暂的休整后再次发兵，首先命令塔齐布率领湘军继续留在长江窥伺九江，然后又调遣胡林翼回师湖北，整合各路清军，想要攻下太平军驻守的武昌，他自己则坐镇南昌，作为主帅在这里下达命令调兵遣将，企图卷土重来。

曾国藩的计划看起来完备，但实施起来却并不容易。只因石达开占领九江和武昌后，早就提防曾国藩的再次进攻，在这两地加强防御，并留有重兵把守。塔齐布和胡林翼面对防卫森严的太平军堡垒无计可施，久攻之下不见成效，塔齐布因此又急又怒，呕血而死，胡林翼也被镇守武昌的太平军杀得大败，损失惨重。见此情景，曾国藩终于派出主力部队，让副将周凤山接任塔齐布继续围攻九江，并让湘军中尤为著名的善战之将罗泽南率领精锐部队往武昌驰援胡林翼，开始了与石达开的第二次交锋。罗泽南的确不愧他的盛名，为湘军注入了强大的力量，使僵持的局面发生变化，很快从太平军手中夺取了通城、崇阳等处，并进一步向武昌逼近。

且说此时的石达开正率领部队在安徽庐州外围与敌人展开激战，接到了韦俊等将领从湖北发来的求援报告后，他从整个战局的角度分析了两个战场，决定不以庐州一城一地的得失为重，而是率军增援湖北，保卫九江、武昌等军事重地，并进一步打开长江中下游的局面。

1855年10月，石达开率领胡以晃、黄玉昆、张遂谋、曾锦谦、赖裕新、傅忠信等将士两万人，从庐州转战，救援武昌，与驻守武昌的韦俊夹击罗泽南，并在壕头堡取得歼敌一千余人的首战胜利，逼迫罗泽南连夜撤军退向湘鄂交界处的羊楼峒，不敢再与石达开正面对敌。

石达开带领援军初战告捷，击退了罗泽南，但可惜的是从武昌南进的韦俊一军，却在羊楼峒连续遭遇两次败仗，伤亡惨重。韦俊的夹击任务失败，没有挡住罗泽南的军队，给了胡林翼与罗泽南正式会师的机会，他们两位将领率领军队合力进攻蒲圻，让太平军再次陷入被动的不利局面。

此时的湖北，既有驻扎在九江一带的周凤山，又有会合之后全力攻蒲圻的胡林翼、罗泽南所部，这两支都是都是湘军的精锐部队，石达开无论进攻哪一支都没有必胜的把握，而且太平军一旦对其中一队发动攻势，另一队必定会前来救援，到时候就会落入两军的包围圈中，可谓是左右为难，进退维谷。

石达开面对前方战场的困境，经过一番审慎的思量，决定不与敌军主力正面交锋，而是另辟蹊径，选择进攻因为发兵湖北而兵力正空虚的江西，直击曾国藩的驻地，围魏救赵"攻其所必救"，迫使他召回湖北的将士，如此一来就能变被动为主动，既能趁机攻取江西，又能解九江之围、武昌之危，实在是一石三鸟的精妙之计。

江西西通湖南，东连闽浙，南接广东，北界鄂皖，位居安徽、浙江、福建、广东、湖南、湖北六省交界之地，这里是太平军镇守天京的门户，也是湘军必须抢夺的中枢。而且江西内部"百姓众多""米粮广有"，可以在人力和物力上给此地的军队大量支持。就连清朝官员也在《江西通志》中提到"江西毗连六省，形势极关紧要，现在贼势蔓延，非迅速剿除，则东南均难安枕"，可见石达开进军江西、经略江西的重要战略意义。

石达开自11月统率大军进入江西后，一路势如破竹，趁着湘军来不及防备接连攻下新昌（今宜丰）、瑞州（今高安）、

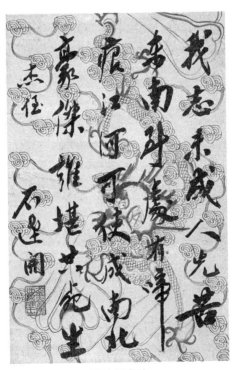

石达开书法

临江（今清江）、哀州府（今宜春）等地，并通过挖地道埋地雷炸毁了吉安府城，歼灭了江西按察使周玉衡、知府陈宗元、知县杨晓昀等大小官员，之后就在吉安驻军，以吉安为根据地进攻周边州县，扩大太平天国所属范围。

曾国藩见石达开大军直逼自己所在的南昌，连忙急召正在九江作战的周凤山，让他带领主力军回师救援，这样一来九江之围不战自解，石达开进军江西的第一个目标就此达成。周凤山从九江城下撤回江西，攻克了樟树镇，本在湖南老家养病的彭玉麟听说曾国藩所在的南昌危急，也打扮成乞丐，步行七百多里到达江西，率领水军前往救援，再加上江西本地的绿营军和团练本就驻守在樟树，清军的三路主要人马就在樟树镇会和，并据此地固守。这样一来，石达开要想更进一步，就必然要在樟树镇与清军展开决战。

樟树镇这个地方成为兵家必争之地是有其道理的，它西边是瑞州、临江，东边是抚州、建昌，是连接赣江两岸的关键，省会南昌的咽喉，所以不论是太平军还是清军，若是想要彻底控制赣江水路、统理江西各地，就必须占领这个地方。石达开深知樟树镇地理位置重要，又云集湘军的几位大将，所以在吉安稳定后立即召集所有大军，渡过赣江，往樟树镇攻去。

2月9日，石达开率领军队抵达了临江县，四天之后又攻占了乐安，兵分四路对湘军形成了包围之势，驻扎在樟树镇的周凤山见太平军奔波而来，想要借他们尚未稳定的时候打破包围圈，就发兵攻打太平军的营垒。但是石达开治军严明，面对突来的湘军阵势丝毫不乱，将周凤山部杀得大败而归。19日，太平军大举进攻樟树镇，石达开分兵迂回，前后夹击周凤山、彭玉麟所部，湘军无法抵挡，四处溃散，落荒而逃。太平军拿下樟树镇这一要地后，在江西的优势更加明显，石达开从樟树镇和乐安发兵北进，21日占抚州，又接连拿下金溪、建昌、宜黄，进逼丰城、进贤、东乡、安仁、万年、乐平等州县。

石达开率领太平军在江西攻城略地，而曾国藩只能在南昌孤城之中困守，面对一路进击，随时可能军临城下的太平军队伍，曾国藩守城无路之下，只能招募死士将存有求救信息的蜡丸送往湖北，向罗泽南求援，送信的人被太平军斩杀过百，付出极大的代价之后，终于有人将曾国藩的求救信送到了罗泽南的手中，但曾国藩绝对没有想到，他的这封救命信不但没能救下自己，反而成为他的爱将罗泽南的催命符。

原来，此时的罗泽南自从翼王率太平军突入江西之后，借着武昌失去援军支持的时机，正全力攻打武昌。曾国藩的求救信送到罗泽南手中时，武昌的战事正向湘军方面倾斜，胜利就在眼前。一方面是唾手可得的武昌，另一方面是有知遇之恩的主帅，罗泽南进退两难，愤懑焦急之下失去冷静，强攻武昌，被枪子击中右颊，数日后伤重而死。罗泽南的死亡让武昌的局面一下子发生变化，胡林翼独木难支，再也无力攻城，只能被迫撤军，回援江西。

至此，周凤山兵败樟树镇，罗泽南战死于武昌，加上半年前忧愤而死的湖南提督塔齐布，南昌之战中丧命总兵马继美，湘军现在只剩下一名叫做刘于浔的候补知府，还在统领水师，所以太平军内都争唱歌谣称"破了锣（罗），倒了塔，杀了马，飞了凤，徒留（刘）一个人也无用"，可见湘军接连损兵折将的窘境。湘军大将既去，那九江和武昌的危机就不战而解。此外，太平军进入江西后连下七府四十七县，到1856年3月，太平军已经占据江西省八府四十六县，将江西省的大部分地区纳入天国版图，石达开进军江西的三个目标，已经全部实现，这正是他神鬼莫测的用兵之计的体现。

　　而石达开不仅有用兵之才，更有治理政事的出色能力，他在进军江西后，首先收编了在当地从事反清活动的天地会成员，尊重他们与太平天国拜上帝教在信仰方面的差异，壮大了太平军在江西的力量。除此之外，石达开还十分注重安抚百姓，通过善待黎民，施行仁政来赢得民众对太平天国的支持。

　　据记载，石达开在江西军纪严明，严禁部下滥杀无辜、奸淫妇女，决不允许太平军夺取民众的财产。他对部下严格要求，但对百姓却拥有仁爱的胸怀，每到一个地方都先张榜安民，说明太平天国的志在"救民讨虏"，让老百姓各安其业。并且按照安庆易制时的方针政策，在江西设立乡官，建立基层政权，使得"民知守民道，兵自守兵规"，这些措施深得民心，让江西的老百姓争先恐后地报名参军，于是有人写诗称赞说：

> 闻到匪首称翼王，仁慈义勇头发长。
> 所到之处迎壶浆，耕市不惊民如常。

石达开不仅是一位能征善战的军事统帅，也是一位很有文采的读书人，所以他很看重士人治理天下的能力，在江西的几个月，就多次写信给当地有名望的文人雅士，征召他们出来做官。有传说称当时江西湖口有个洪秀才顽固不化，拒绝征召，声称说绝对不为贼寇效力，太平军士兵对此十分恼怒，把他押到了石达开面前，请翼王裁决。这个洪秀才见到石达开后更是愤怒，大声叫骂，但是他不会讲官话，只是用当地的土话反复咒骂，石达开看到他愤怒的表情，却听不懂他说的话，最后哭笑不得，没有计较把他放走了。石达开甚至还借此告诫自己的左右说："求人才，重在收服他们的心，不愿意为天国效力的读书人，你们不要强迫他们。"其求才重文之心可见一斑。石达开选官不论出身，只看才华，在读书人中名望很高，所以当地的有志之士大量投奔到翼王麾下，就连地主文人都赞叹石达开有"龙凤之姿，天日之表"，"威仪器量为不可及"。

石达开在江西经营数月，在军事上连获大胜，在政治上理政安民，经略江西取得了显著的成果，当地百姓纷纷归顺天国，甚至发展成为十万大军，连左宗棠也评价说"民心全变，大势已去"。

　　当时，石达开在江西势力大成，民众归附，曾国藩固守南昌，已成孤城，正是生擒曾国藩，克服江西全境的好机会，可惜在这个时候，石达开却接到了东王杨秀清的命令，要求他立刻带领部队撤离江西，回援天京，夹击清兵的江南大营。石达开收到命令后当即感叹攻占南昌的时机难得，但杨秀清借天父下凡之名在太平天国中积威甚深，石达开无法违抗东王的命令，只能留黄玉昆等人继续驻守江西，自己率领军队分三路进入皖南，救助天京。

　　石达开统率三万大军日夜兼程，于6月13日占领了"咫尺东坝，接连溧阳，均系入苏常要道，大局攸关"的溧水，迫使清军将领向荣分兵救援。之后石达开与燕王秦日纲、陈玉成、李秀成诸将趁着向荣派出军队，内部空虚的时机直攻江南大营。

　　6月20日，太平军彻底击溃了停兵天京城下三年有余的江南大营，江南大营的守将向荣败退丹阳，不久之后，这个从一开始就带兵围剿太平军的清政府刽子手终于在又怕又怒之中病逝。

　　石达开率领太平军一破江南大营，除掉了天国的心腹之患，保证了天京的安全，取得了丰硕的战果。但是，从太平天国整体的形势来看，当时的江南大营留有燕王秦日纲、陈玉成、李秀成等善战之将，与清军力量几乎持平，并不危急。但是石达开被迫抽调士兵回师救援天京，虽然为太平军一破江南大营提供了的保障，但是却减弱了江西战场和湖北武昌一带的攻势，给了困处绝境的曾国藩以喘息之机，斩草不能除根，湘军一番整顿之后必将再次卷土重来，而这也成为石达开经略江西期间留下的最大遗憾。

第三章　天京事变

兄弟相残

1856年7月，石达开被迫回援天京，减弱湖北、江西攻势的隐患终于爆发了，湘军在侥幸得生的曾国藩的指挥下进攻武昌，太平军难以抵挡，连失阵地。石达开因此受杨秀清派遣重回湖北，主持反击战事。

7月14日，石达开率领张遂谋、曾锦谦等部将和三万大军抵达了湖口，之后他与驻扎在武昌的韦俊部队取得了联系，两支队伍相互配合，与围攻武昌的胡林翼展开了激烈的对战。然而，正当石达开战斗正酣，即将彻底击溃胡林翼所部湘军时，从后方传来的一个消息，却如同晴天霹雳一般让石达开大惊失色——天京内讧，东王被杀。

其实，太平天国内部本就存在着很多问题，几位领导人之间也各有矛盾，仅前文提到过的就有洪秀全与杨秀清的矛盾、杨秀清与韦昌辉的矛盾、石达开与秦日纲的矛盾等，这些内里的交锋在清军虎视眈眈时还可以暂时隐藏在协同作战的同仇敌忾之下，而一破江南大营后，清军退守，太平天国力量空前强大，几位领导人的野心愈发膨胀，终于使矛盾激化，酿成了天京这场血流成河的惨案。

这场内讧要从洪秀全和杨秀清的矛盾说起，早在太平军金田起义之前，杨秀清就曾经假借"天父下凡"来稳定冯云山被捕后混乱的局面，这样一来，作为"天父"代言人的杨秀清就拥有了凌驾于"天兄"洪秀全之上的权力，使太平天国无形中产生了两头政治，埋下了日后争权的祸种。果然，随着太平天国的势力不断发展，杨秀清也多次利用自己的"天父"名义行使权力，架空了天王洪秀全，他的独断专行自然引起了洪秀全的不满，两人暗地里摩擦不断。1853年12月24日，杨秀清再次假借天父下凡，责备洪秀全行事，逼迫天王跪下认错并杖责四十，这一次折辱使他们两人的矛盾进一步激化，终于在1856年的"逼封万岁"事件后彻底爆发，产生了不可挽回的后果。

据张汝南《金陵省难纪略》记载，1856年8月，杨秀清"诡为天父下凡，召洪贼（洪秀全）至，谓曰：'尔与东王，皆为我子，东王有咁大功劳，何止称九千岁？'洪贼曰：'东王打江山，亦当是万岁。'又曰：'东世子岂止千岁？'洪贼曰：'东王既称万岁，世子亦当是万岁，且世代皆万岁。'东贼（杨秀清）伪为天父喜而曰：'我回天矣。'"可以看出杨秀清的野心已经膨胀到了不光自己要称万岁，自己的子子孙孙也要做万岁的地步。洪秀全自然无法容忍，最终下定了诛杀杨秀清的决心，开始寻找能辅助自己完成这场"门户清理"的将领，这样一来，洪秀全就选中了与东王素有积怨的北王韦昌辉。

原来，北王韦昌辉表面上对东王杨秀清谄媚逢迎，甚至到了"舆至则逢以迎，论事不三四语必跪谢"的地步，但韦昌辉心胸狭窄，又嫉妒杨秀清独揽大权，尤其是在杨秀清因故杖责他数百下之后，更是怀恨在心，不过畏惧东王势力强大不敢发作罢了，一直在等待报复时机的韦昌辉现在接到了洪秀全递给他的这支"令箭"，自然牢牢把握，当即策划了一场惊心动魄的政变。

9月1日，北王韦昌辉接到天王洪秀全的"密诏"，深夜从江西率领三千精兵赶回天京，与当时留在天京城外的洪秀全嫡系亲信燕王秦日纲所部会合，他们两人率领军队秘密进入天京，突袭东王府，斩杀了睡梦中的东王杨秀清，并屠尽了东王府内的数千名亲属侍从。

这一夜，东王府里血流成河，尸骸遍地，"天兄"杀"天父"的惨案拉开了序幕，太平天国正式进入了"煮豆燃豆萁"的血色九月。

杨秀清死后，韦昌辉担心残余的东王部属对他展开报复，又想要趁机夺取天国的最高领导权，于是一不做二不休，以搜捕"东党"为名，大量铲除异己。后来甚至以天王罚北王鞭笞四百的名义召集杨秀清的部下观看审讯，将到来的杨氏余卒全部斩杀，韦昌辉的这一场屠杀，让天京内军士、百姓死伤超过两万，一时间腥风血雨，人人自危。

　　此时，这场由天王洪秀全推动发起的政变已经脱离了洪秀全本人的控制，洪秀全在韦昌辉大开杀戒后也劝导他说"尔我非东王不至此，我本无杀渠意……毋伤天父好生心，以宽纵为宜"。但是韦昌辉根本不理会洪秀全的要求，与秦日纲的部属一起大肆屠杀，直把偌大的天京变成了一个修罗场。洪秀全这番杀杨夺权未成，反而被韦昌辉控制了大权。

　　石达开就是在这种情况下赶回天京的，他听闻天京内讧，心中又惊又痛，于是日夜兼程从湖北前线赶回，想要调解纠纷，挽救无辜的天国兄弟。可惜石达开回来得还是太晚了，他进入天京时，东王的亲族部属已经被韦昌辉屠杀殆尽，而昔日并肩作战的太平军兄弟们，也被自己人杀得血流成河。

　　悲愤交集的石达开直奔北王府，指责韦昌辉说："独不念金田起事，永安被围时乎！"述说杨秀清昔日带领众军士起兵和永安突围的恩义，直斥韦昌辉忘恩负义、滥杀无辜。韦昌辉被石达开的这番训斥逼得恼羞成怒，当即诬陷石达开"袒护奸人"、

"亦党于杨"，并且扬言道"不去石氏，吾患未已"，把石达开所部也加入了他的屠杀名单之中。

石达开为人机警，见韦昌辉已经全然不顾兄弟情谊，又失去理智不听劝告，担心他再下杀手，自己又是单枪匹马无力抵挡，于是连夜逃走，"缒城而出"，在他离开之后不久，韦昌辉的士兵就包围了翼王府，石达开本人虽然逃离了追杀，避免一死，但他留在天京城内的家眷部属，却全部丧命在韦昌辉的屠刀之下。

石达开虽然逃离了天京，但是韦昌辉并不想就此放过他，洪秀全也忌惮他逃出天京后集合的大军，于是给石达开安了一个"反顾偏心"的罪名，下诏通缉，"悬重赏购其首级"，甚至还加派秦日纲在西梁山一带陈兵，准备与石达开展开对决。

从1856年9月2日到10月之间，石达开接连遭受兄弟遇难，全家丧命，君王通缉的痛楚，被自己昔日相约共谋天下的兄弟接连背叛，内心的惊痛之情俱都化作对始作俑者韦昌辉的满腔恨意，于是他逃到安庆后马上召集了从武昌、洪山等地调来的四万多将士，挥师东进，兵谏天王洪秀全，"要求之（韦昌辉）头。如不得其头，即班师回朝攻灭天京"。

然而，即使在这样众叛亲离，身负血海深仇的时刻，石达开都丝毫没有忘记自己反抗清政府，济世安民的志向。面对在他离开天京后向他伸出橄榄枝，许以高官厚禄劝降的清政府，石达开严词拒绝，甚至在听闻了朱凤魁与清军交战失利的情报后，他暂时放下家仇，以大局为重前往救援，击退了想要乘虚而入的清军。

石达开的大局观让留在天京的太平军们对他更是钦佩，而韦昌辉的倒行逆施、大肆屠杀也引起了很多太平军士的不满，加上洪秀全本人也害怕韦昌辉势力过大威胁己身，于是在11月顺水推舟，下令处死韦昌辉，结束了这场持续两个多月的混乱屠戮。

11月下旬，石达开在与清军作战的前线收到了天王从天京送来的韦昌辉首级，家仇已报又身负国恩的石达开，不再计较洪秀全下令通缉他的过往，接受了召他回京辅政的命令，率领大军沿江东下，回到天京。

11月28日，一度众叛亲离、狼狈逃走的石达开再次回到天京，面临的是士兵和百姓热烈的欢迎。据《李秀成自述》的描写，当时"合朝同举翼王提理政务，众人欢悦"，"大家喜其义气，推为达开为'义王'"。石达开谦虚自省，认为自己当不起"义王"的名号，坚辞不受。最后在大家一致拥戴下，由天王洪秀全加封石达开为"电师通军主将义王"，石达开翻开了他天京辅政的新篇章。然而此时被尊义王，正踌躇满志准备收拾残局、重整河山的石达开怎么也不会想到，他的谦让大度换来的是一次更深更狠的背叛，而更严峻的挑战，还在前方等待着他。

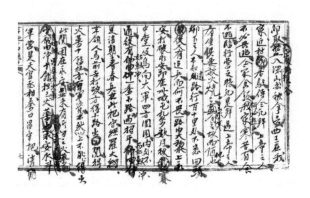

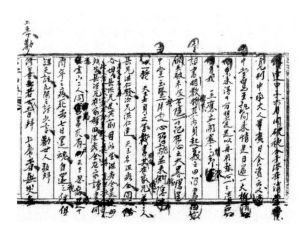

李秀成亲供手迹

翼王出走

翼王石达开博览群书，文武兼备，而且素有仁义的名声，在太平天国内呼声很高，所以他的辅政是"合朝同举"下众望所归的结果。不仅如此，石达开名声在外，连敌人都对他有所赞赏，湘军将领李元度就曾经说他"性慈，不好杀戮"，甚至当时西方的麦高文在通讯中称赞他"这一位青年领袖，是英雄侠义、勇敢无畏、正直耿介的，正是全军之中坚人物。他的头衔称为'电师'，这真能表示他的军事行动。他是饱受教育，又是能行动的人"，可见石达开不论在能力还是心性上都是深孚众望的。

而临危受命、深受瞩目的石达开也并没有辜负大家对他的期盼。1857年初的太平天国由于刚刚结束的天京事变而人心涣散、元气大伤，在军事上被清军乘虚而入落于下风，在政治上更是人心惶惶诸事搁置，而此时刚刚接手天国政务的石达开面临的第一个问题，就是天京事变的善后事宜。

在对这场事变的"逆首"韦昌辉的处理上，石达开再次展现了他仁善的风度，面对曾经杀尽自己全家的刽子手，石达开坚持"只除首逆"，在韦昌辉和秦日纲伏诛后，不再追究其他人的责任，保留了革命的有生力量，为之后的反击清军做了充分的准备。

石达开执掌政权时正是武昌失守、湘军直逼九江的军事失利时期，清军打算乘虚而入，一举捣毁天京。石达开指挥若定，派遣善战的陈玉成为主帅，连续攻下舒城、六安、正阳关等地，重新威胁武昌，打破了清政府的如意算盘，让清军大惊失色，奏称"石达开为'贼'中主谋，围攻桐营，连陷舒、六等处，并援救溧水……虐焰复炽者，皆石逆之计"。

而石达开不仅主动回击，还加强了防守，在瑞州、临江、抚州、吉安等地派遣重兵驻扎，牢牢扼守阵地，一次又一次地粉碎了敌人的侵占计划，打乱了敌人的战略部署，稳定了天京事变之后的不利局面，让整体形势为之一新。

然而，石达开殚精竭虑、勤恳谋划才得来的充满希望的1857年上半年却并没有孕育出一个在灾难后重新焕发生机的太平天国，反而在天王洪秀全的猜忌掣肘之下，导致了石达开被迫出走，天国队伍进一步分裂的恶果。

原来，石达开"合朝同举"下的主政正戳到了天王洪秀全的痛处，在先后经历了杨秀清大权独揽和韦昌辉趁势夺权之后，本就是农民出身的洪秀全更加看重自己的"君权"，声称"只有臣错无主错"，"遵旨得救逆旨刀"，极力想要树立自己的权威。因此，石达开主政的成绩越是显著，名声越是显赫，洪秀全就越是坐立不安，以小人之心度君子之腹，时刻担心石达开会谋权篡位，夺取他的"家天下"。

洪秀全对石达开存了忌惮之心，就把太平天国反抗清廷，救助万民的宗旨抛诸脑后，开始连出昏招以巩固自己的统治。他"因东、北、翼三王弄怕，故未肯信外臣，专信同姓之重"，加封他的大哥洪仁发为安王，二哥洪仁达为福王，让他们"主军政"，处处挟制石达开，从而进一步限制了石达开的权力。这安、福二王是何许人也？《李秀全自述》中讲得清楚："朝中之人，不甚欢悦，此人又无才情，又无计算，一味固执，认实天情与我天王一般之意见不差，押制翼王。"可见这两人不学无术，只能计划些见不得人的勾当压制石达开，使得天京的政局愈发混乱，诸将和军士们无所适从。

　　洪秀全对石达开的忌惮越来越深，甚至到了"不授以兵事，留城中不使出"的地步，石达开的军权、政权先后被剥夺，一举一动都被洪秀全严密监视，这样步步紧逼的形势，终于让石达开意识到了洪秀全的"阴图戕害之意"，想到数月前洪秀全默许下的天京事变，东王杨秀清身首异处，亲属部族全部被杀的惨烈局面，石达开不由得悚然而惊，开始寻找自救之法。

　　其实，现在摆在石达开面前的是一个切切实实的难题，"信而见疑，忠而被谤"的能臣困境在他身上再一次上演，石达开本不是愚忠之辈，又身负诸位亲信将士的身家姓名，自然不愿意坐以待毙；但是作为自小受到儒家"忠君""重义"思想熏陶的读书人，石达开也不想利用自己军事和名声上的优势起兵反叛洪秀全，自立为王；至于投奔清政府这等无稽之谈，更是与他的生平志向背道而驰。这样一来，摆在石达开面前的道路就只剩下了一条——率军出征，保存力量，再图反清。

1857年5月，石达开借给南门将士"讲道理"的时机，率领几千亲信将士避祸离京，前往安庆，并留下了被史式先生称为"太平天国时代的《离骚》"的《五言告示》：

为沥剖血诚，谆谕众军民：
自恨无才智，天国愧荷恩。
惟矢忠贞志，区区一片心，
上可对皇天，下可质古人。
去岁遭祸乱，狼狈赶回京，
自谓此愚忠，定蒙圣君明。
乃事有不然，诏旨降频仍，
重重生疑忌，一笔难尽陈。
用是自奋励，出师再表真，
力酬上帝德，勉报主恩仁。
精忠若金石，历久见真诚。
惟期妖灭尽，予志复归林。
为此行谆谕，遍告众军民：
依然守本分，照旧建功名。

或随本主将，亦足标元勋，

一统太平日，各邀天恩荣。

　　这篇《五言告示》讲究格律，一韵到底，文采斐然，完全展示出了石达开深厚的文字功底，然而"诗本言志"，我们至今阅读石达开这首述说自己生平志向的作品，仍然可以感受到扑面而来的愤懑悲壮之情。

　　其实，这首诗的初稿并不是如此，因为石达开遭遇天王疑忌、兄弟反目之时才只有26岁，他本是怀着一腔为国为民之心捐弃前嫌，赶回天京辅佐政事。可惜他的重情重义之举却被昔日的兄弟、主公理解成夺权篡位之嫌，只能借诗文抒发心中的委屈愤懑，所以他在原诗中写道"疑多将图害，百喙难分清"。然而英雄之所以称英雄，就在于他们能够克制自己的情感，能够忍辱负重，顾全大局。这个年轻的将领身上肩负着天国将士的未来和沉重的反清使命，所以他不敢放任自己的感情，担心这样明显的感慨会激化天国内部的矛盾，于是几经沉吟，又修改为"精忠若金石，历久见真诚"。

　　这样的精神确实如同"金石"一般耀眼，这个时刻这首诗里的那个人，不再是沉着冷静指挥千军万马的翼王，而是有血有肉富于情感的石达开；他也不是高高在上只能让人膜拜的神，而是这样一个值得敬慕的凡人英雄。

1857年6月2日，英雄石达开正式离开了发掘过他也背弃过他的天王洪秀全，离开了这个曾经承载了他所有抱负与所有悲愤的太平天国，在这个万物蓬勃的初夏时节，踏上了一条萧瑟的离京之路，而他这一去，就终生没有再归来。

第四章　西征长路

开辟浙闽

1857年6月2日，翼王石达开与跟随他出征的士兵们从铜井镇渡江，前往安庆。铜井是一个小镇，石达开选择从这里渡江且一天之内就全部渡完，可见他带走的太平军人数并不多，而且据清军当时的奏报称"五月十八日（即1857年6月9日）石逆由金陵带其党与数千，道经该州前往上游"，可以确信石达开当时带走的只有几千人，应该都是翼殿的亲信和侍从。因此，李秀成在自述中所说的"翼王将天朝之兵尽行带去"应该就是一种误谈了。

从石达开删去了告示中的"疑多将图害，百喙难分清"，并强调"依然守本分，照旧建功名"来看，他在逃离天京时并没有煽动士兵，凭此分裂的意图。甚至连自己的精锐亲军，他都为了天京的安危，没有带走，但是石达开本人不曾带走大量士兵，并不代表那些深受石达开恩义的太平军众们不会主动前来投靠。事实上，洪秀全独断专行，暗害能臣，任人唯亲的行迹都落在普通军众的眼中，他们为仁义的翼王鸣不平，所以在洪秀全派遣军队追击石达开的时候，很多奉命征讨的将领不愿意自相残杀，就趁势投入了石达开的麾下，石达开从大局考虑"劝令皆散去"，只是"其党皆不肯"，石达开的在太平军中的威信到了如此境界，所以等10月份石达开离开安庆时，这些陆续前来投奔的将士已经在汇集成了足有六万多人的军队。

洪秀全见麾下军队纷纷跟随石达开离去，群情激奋，自己人心全失；又适逢清军总兵傅振邦攻陷溧水、句容，江南大营的和春、张国梁进逼天京，内外交困之下，又想起了石达开在天京时治理政务井井有条，盛名威震五湖三江的好处，于是将激起众怒的两位兄长洪仁发、洪仁达的封号削去，并赶制了一枚镌刻有"义王"封号的金牌表明自己的悔意，派人日夜兼程将这枚金牌和求救表章送往安庆，请石达开发兵救援天京。

洪秀全送来的这枚金牌有多少诚意呢，我们从他在石达开离京后的作为中就可以看清，他先是"紧闭城门"，派兵追击石达开，之后又狠狠拒绝了李秀成奏请废除安、福二王，重新起用翼王石达开的建议，并怒处李秀成，罢免了他的官职。可见洪秀全对石达开的忌惮之心已深，他这次示好，更像是为了请石达开救援天京的权宜之计。

石达开在收到洪秀全送来的金牌和求救表章后迟疑了，他看着牌面上那金光闪闪的"义王"两字，就想起洪秀全前头加封他为"电师通军主将义王"迎翼王回京主政，转眼就"阴图戕害"翻脸无情的嘴脸。再加上杨秀清、韦昌辉先后因洪秀全的算计而惨死的前车之鉴还历历在目，肩负着数万兄弟厚望的石达开实在不敢冒险回天京，把自己的身家姓名寄于洪秀全的一念仁慈之中。但是天京告急，他亲手打下的疆土正岌岌可危，石达开忧心革命的形势，又急于相助，进退两难的石达开，经过一番踟蹰徘徊后最终定下了一个两全之策。

据咸丰七年九月德兴阿的上奏称，他截获了洪秀全批复给石达开的一封奏章，在这封奏章里，石达开就天京告急之事定下了详细的作战计划。他先是建议洪秀全派遣李秀成和张洛行带领数十万太平军分别侵扰长江下游，之后又调陈玉成、洪仁常、洪春元、韦志俊、杨来清等将领各率军数万及五六千不等赶回天京救援金陵，自己则驰援江西，开辟浙闽，分散清军兵力，以解天京之困。可惜石达开这番良苦用心并没有得到洪秀全的理解，洪秀全的批示"外示羁縻内怀猜忌"，他没有按照石达开的计划行事，在天京暂安之后就调回了军队，陷石达开于敌军深处，使得"开辟浙闽"的努力尽付东流，这不得不令人扼腕叹息。

10月初，石达开从安庆出发，经安徽建德，到达了江西，开始进行他计划的第一步——驰援江西。同时，石达开命部将杨辅清进攻贵溪，石镇吉前往抚州，兵分三路牵制敌军。

石达开率领军队从10月进入江西，到次年离开江西，在江西作战的几个月内与清军几次大战，连续击败了清军将领周凤山、李定太等人，吸引了大量的清军进入江西，给天京留下了喘息之机。但是由于太平天国留在江西的势力太过薄弱，石达开离开天京后，又没有水师协同作战，在渡江中损失惨重。所以石达开先援临江不成，后改援吉安又不胜，太平军据守的九江、临江、吉安三大府城先后告急，太平天国在江西的统治已经趋于瓦解，而在这样的危急时刻，石达开又一次收到了来自清军的招降信。

这次的这封招降信与以往清政府的招降相比实在是高明了许多，首先这是在石达开被洪秀全逼迫离开天京又作战失利的情况下送到他手中的，石达开后无支持他作战的主公，前有威胁他安危的湘军，无论怎么看也是一个招降的良机。另外，这封招降信出自湘系著名的文人李元度之手，这个李元度不同于湘军其他出身草莽的将领，而是熟读圣贤书的雅士，他还中过举人，是一位颇有"儒将之风"的"循吏"。他的招降书写了洋洋洒洒四千字，先论势，后讲理，动之以情，诱之以利，并用世袭澄海公黄梧、世袭靖海侯施琅的例子来加以说服，甚至在最后称："足下既与洪逆为仇，此日金陵合围，不日可破。若足下于解散江西党羽后，留劲卒三千，驰赴江南共擒洪逆，上报圣朝，下抒夙愤，封侯在指顾耳!"可谓是极具煽动性了。然而石达开收到这封劝降信后毫不犹豫，"只以大笔书一'难'字作答"，足见他忠于革命，反抗清政府的坚定信念。

石达开虽然拒绝了清政府的招降，但是临江失守后，江西的局势实在无法挽回，石达开最终不得不放弃江西，东进浙江，开始执行计划的第二部分——开辟浙闽，谋求天国的新发展。

根据镝非先生的观点，"石达开东进浙闽是个一石二鸟的战略计划，一方面可以吸引清军兵力，减轻天京战场的压力，另一方面意在开辟东线战场，建立浙闽根据地，从而达到扩大太平天国版图，使苏、皖、鄂、赣、浙、闽六省太平军声气相通的目的"。

1858年4月12日，石达开在广丰击败了浙江游击杨国正，之后率军自广丰离开江西，正式进入浙江，开始了他开辟浙闽的新阶段。

石达开进军浙江后，很快就连续攻克了江山、常山、开化等地，并把目标定在了开化县旁的衢州，打算以衢州为中心建立浙江军事根据地，以此在苏、皖、赣一带进军的清军的侧后方开辟新的战场，杀他们一个措手不及。

衢州是通往江西和安徽两省的门户，不论是对于想要开辟浙江根据地的石达开，还是想要坚守浙江的清军而言，都是十分重要的军事阵地，因此，石达开进军浙江后，衢州攻守对决就成为两军对战的主要焦点。

1858年4月，石达开率军从三面围攻衢州，拉开了这场攻坚战的序幕。太平军出奇制胜，先是在6月4日大败清军，将驻守在衢州的总兵饶廷选打得落荒而逃。但是很快苏、皖、赣一带的清军都纷纷赶来救援，城内守军人数倍增，而且清军只固守城池，龟缩在城内向外抛掷火药，不与太平军正面交锋，石达开无处下手，陷入了僵持之中。

见此情景，石达开并不一味顽攻，而是加以变通另生一计，趁着各路守军都固守衢州，周边空虚的时刻，自己牵制住清军主力，派遣石镇吉率领一队士兵绕过衢州迅速北进，连克遂昌、松阳、处州、缙云、永康、武义、云和、宣平、寿昌等府县，大肆攻城略地，夺下了大半个浙江省。

然而，就在太平军在浙江一路势如破竹，即将进逼富庶的金华、杭州，斩获大量粮草物资之时，石达开却放弃了在浙江的经营，从衢州撤军，向福建转移而去。他这一撤军，不仅放弃了围困数月的衢州，也丢下了太平军在浙江已经占据的广袤土地，使得前功尽弃，甚至让曾国藩得出了石达开"钝于浙"的结论，究竟是什么原因让石达开做出了这样的抉择呢？

原来，当时石达开在浙江的进攻，吸引了清军大量的兵力，甚至连曾国藩也被调回浙江救援，大大减轻了天京的压力，也为陈玉成、李秀成二破江南大营提供了机会。留在天京的洪秀全见危机解除，对石达开的忌恨之情又再次兴起，就以"中军主将"的职位收买了当时正在福建与石达开协同作战的杨辅清，令他放弃在福建的经营，回师天京，从此脱离了翼王的控制。这样一来，开辟浙闽的计划就丧失了来自福建的支持，"闽"地既去，那"浙"自然也难以保全，留在浙江的石达开成为深陷敌军包围圈的一支孤军，连自保都成问题，只能就此撤退。

逼迫石达开撤离浙江的，不是狡猾凶猛的清军，而是一支从背后射来的暗箭，而开辟浙闽计划的失败，也让石达开看清了洪秀全对自己的忌惮，已经到了宁肯浙闽为清廷控制，也不能归于翼王的地步。再次受到手下将领背叛的石达开心灰意冷，终于远离了天京，向福建而去，正式踏上了远征的漫漫长路。

宝庆会战

石达开率兵进入福建后，虽然在军事上还算顺利，连续攻克了政和、崇安、建阳、泰宁、建宁、宁化、汀州等府县，但是这个时候的石达开却可以说是陷入了人生的又一低谷，摆在他面前的，是三个他根本无法回避的问题。

首先，石达开先后遭遇天王洪秀全和部下杨辅清的伤害背叛，被迫放弃了已经初见成效的浙江根据地，连他自己都有些心灰意冷，更遑论那些跟随他的士兵了，进入福建后的军队士气大减，皆不知道自己的前路在何方。其次，当时洪秀全重建五军主将制度，给李秀成、陈玉成、杨辅清等人冠上"主将"的名号，实际上是以提拔后起之秀的名义架空了当时受封为"通军主将"的石达开，石达开失去了名正言顺地指挥诸军作战的地位，与天京的关系日益尴尬，只能在福建流动作战，根本无法长期立足。最后，大多出身两广一带的太平军难以适应福建的水土，加上这里连年灾荒，粮食不足，所以跟随石达开的士兵们"死于无食，死于地气者，动以千计，沿途狼藉"，损失惨重。就此看来，福建实在不是久留之地。

于是1858年的秋冬之交，石达开正式离开福建，兵分三路进入了江西省，打下了瑞金、连城、南安等地，停留在南安进行休整，并在这年的春节召集诸位将士，共同商量接下来的行军目标与策略。在这场史称"南安决策"的会议上，石达开经与部将会商，决定"由南安窜湖南，下趋鄂省，以取上游之势"，即先进攻湖南，再下趋湖北，配合当时在安徽作战的杨辅清所部作战，并伺机分兵入川。

这场决策使石达开所部明确了未来的行军方向，重整士气，从而平安度过了远征以来第一个低潮，进入了牵制清军，配合主战场作战的新时期。

1859年1月，石达开按照南安决策的计划，借着清军集中在景德镇与杨辅清对战的时机，攻占了江西的崇义和信丰。在赣北与杨辅清战得正酣的湘军这才发现赣南告急，因此陷入了"顾此则失彼，顾南则失北"的困境之中，曾国藩不得不抽调士兵派遣萧启江前往赣南对付石达开，从而分散了清军的兵力，减轻了杨辅清所部的压力，也为主战场上的太平军进一步进逼湖口九江创造了条件。

1859年春，石达开派遣赖裕新、傅忠信率领大军进入湖南，大败刘培元、彭定太等清军守将，攻下了桂阳县城，从而打响了"宝庆会战"的第一枪。之后顺利挺进湖南的石达开又连克宜章、兴宁、郴州等战略要地，面对湘军迅速集结而来的援军，石达开避敌锋芒绕过衡阳，从祁阳直逼宝庆而去，如同一把出鞘的利剑，深深插入了湖南这个湘军的大本营。

宝庆府位于湘中偏西南，这里北邻娄底，南界永州，上通云贵，下接长衡，自古以来就是湖南的交通要道、商埠中心，可以称得上是湘军老巢的重镇之地了，宝庆受到了石达开的威胁，湘军自然不可能无动于衷。

其实，当时的湘军正计划分兵三路进攻天京的重要门户安庆，这时候乍然听闻石达开已经长驱直入兵临宝庆城下，全军上下一片哗然，军心动摇严重，曾国藩急忙派遣湘军官兵四万人前往宝庆，并且从皖赣鄂等省抽调三万大军，汇聚了一支总数不下七万的队伍赶回宝庆救援。如此大量的兵力投入，自然使得湘军围攻安庆的计划胎死腹中，曾国藩一番筹谋尽付东流，他不由得哀叹道："早知如此，自去冬令萧张并力南路，不令凯章图景德镇也。"

湘军源源不绝的救援队伍虽然打破了曾国藩进军安庆的计划，但也确实改变了宝庆战场的格局。当时随同石达开攻打宝庆府的太平军大约有六万人，相比城中开始不足四万的守军本来是具有优势的，但是在一个半月的战斗中，由于清方坚壁清野，所以太平军始终没能打开宝庆府的大门。直到7月中旬，湘军将领李续宜统率一万二千人余援军到达宝庆战场，彻底拉平了两方的军力，而且湘军内外配合包围了石达开所部，反而使太平军陷入了腹背受敌的困境之中。

就此时的格局来看，石达开攻打宝庆的目标已经很难实现，在没有其他军队辅助的情况下直面湘军主力，正确的选择应该是果断撤离，或者至少应该开始寻找退路。但是这个时候，长江中下游主战场上的太平军也正与清军展开激战，按照曾国藩的计划，他本是一路长驱直入，从东面逼近天京，从西面围攻安庆，这个计划一旦告成，那就是安庆失守，天京告急，几乎可以将革命扼杀。而石达开这个时候在湖南发起进攻，就迫使清王朝把曾国藩部湘军，胡林翼部楚军，骆秉章、左宗棠部湘军，集中到湖南与石达开对战，如此一来"曾国藩移军夔门，骆秉章困守宝庆，胡林翼南下援湘"，天京和安庆的太平军就压力骤减，有了喘息之机，李秀成也才能借此机遇整肃内部，编制军伍，并南下苏州，开始进行苏杭根据地的建设。

湘军大举压境汹汹而来，石达开如果就此撤军，自然可以保存实力，再图别攻，但是他一旦撤退，那么他在宝庆牵制的曾国藩、胡林翼、骆秉章、左宗棠部众必然回师东进，这样一来刚刚转危为安的天京、安庆就会再度陷入危机，李秀成在苏杭一带的经营也将毁于一旦。一面是承载了自己反清救民希望的天国政权，一面是跟随自己浴血奋战的兄弟袍泽，在明知道他对每一寸土地的坚持，都是让天国的事业多一分希望的情况下，石达开如何能退，唯有咬紧牙关，血战到底！

石达开最终还是在缺少援军与退守基地的情况下，深夜调动大军逼近清军半边街大营，发起进攻，开始了与湘军持续三天三夜的正面激战。这场让太平军伤亡过万，损失惨重的血战，最后依然因为孤立无援，被湘军依靠水师和骑兵队的配合攻破了薄弱的北路阵地，面对对方在武器和人数上的绝对优势，石达开阵地陷落，无力回天，被迫放弃了入蜀的计划，往广西撤去。

28岁的石达开遭遇了他统帅兵马起义反清后的第一次重大军事失利，而他这场战况惨烈的宝庆会战与西汉时李陵的浚稽山之战何其相似：同是孤军作战深陷包围，同是援军不至君王不信，同是奋不顾身兵殉国家，同是就此远去再未归来。

李陵力战失利后被俘，诈降匈奴，却被武帝猜忌杀尽全家，诈降被迫成了真降，后来在匈奴见到苏武，李陵起舞悲泣歌曰:"径万里兮度沙幕,为君将兮奋匈奴。路穷绝兮矢刃摧,士众灭兮声已聩。老母已死,虽欲报恩将安归?"

"将军百战声名裂,向河梁,回头万里,故人长绝。"李陵就此远离了生养培育他的大汉,没有办法再归去。石达开也在8月14日深夜,牵制着一队清军退入广西,从此离开了太平天国的主战场,翼王的出走让太平天国失去了重要的臂膀,但离开了太平天国的翼王也折断了自己的羽翼,宝庆会战仿佛用尽了石达开余生的力气,"故人长绝"之后,他也再也没能打出夺岳阳,占武汉,下金陵,二十八天挺进一千二百里的战役,反而陷入了颠沛流离、众叛亲离的凄凉之境。

蛰居广西

1859年8月,石达开自宝庆撤围,退入了广西。当时曾经跟随石达开远征的部下石镇吉受天王诏令,在6月时"统兵六万,前来广西招兵买马",实际上石镇吉已经在洪秀全的刻意指派下脱离了石达开的调遣,先一步进入广西,陈兵桂林城下,进行攻城。

石达开见石镇吉攻打桂林不利,附近又有大量清兵赶去救援,担心他陷入包围,重蹈自己宝庆会战的覆辙,于是不计前嫌从桂林附近行军,占领了兴安、灵川两县,从而击退了从湖南驰援桂林的两路湘军,保证了石镇吉的安然撤退。之后,石达开又趁着清军的注意力集中在桂林的时刻,从全州取道义宁，经过融县、罗城等地，于当年10月，攻下了清军在广西的军事重镇庆远府，并在那里驻扎休整，建立根据地。

庆远府位于广西省腹地，它的东面是驻扎有天地会义军的柳州，北面是广西的屏障贵州，西部是少数民族聚居的云南，东部紧邻湖南，可以说占领了庆远府就是占据了进可攻，退可守的军事优势。

石达开占据庆远后，鉴于自己因为兵力不足败于宝庆的经验，首先四处联络当地义军，先后与柳州、宾州、宣化、上林等地的天地会义军以及驻扎广西的大成国首领陈开、名将黄鼎凤等建立了密切的联系，并且调和了宜山来人和土著人的械斗，几支军队同气连枝，一起抵挡清军，起到了事半功倍的成效。

确定了外部环境的稳固，石达开又开始按照在安庆和江西的经验经略庆远，他严明军纪，严禁手下士兵侵扰百姓，乱闯民房，抢夺物资；爱惜民力，每攻打一处地方都因为担心伤害普通百姓只围城不攻城，即使因此拉长作战时间也在所不惜；甚至在他统治的地区实行保护耕牛，禁止抬高物价、囤积居奇等政策，保证了百姓各安其业。这些政策让石达开深受当地民众的爱戴，也暂时稳定了当时广西混乱的局面，渡过了太平军初入广西不能适应的艰难阶段。

1860年4月，石达开率领部属军众游览广西白龙洞，见这里"山川竞秀，草木争妍，登兹古洞，诗列琳琅，韵著风雅"，于是与众将领一起唱喏相应，留下了著名的《广西白龙洞提壁诗》：

> 挺身登峻岭，举目照遥空。
> 毁佛崇天帝，移民复古风。
> 临军称将勇，玩洞羡诗雄。
> 剑气冲星斗，文光射日虹。

这首诗虽然是即兴作品，但是无论是从平仄的规则还是从四联的对仗来看，都是一首上乘之作。正如罗尔纲先生所称"石达开此诗风格雄壮，我们读他这一句'挺身登峻岭，举目照遥空'，便会立刻联想起麦高文所说的'英雄侠义，勇敢无畏，正直耿介'的气概"，石达开的英雄气概在这首诗中体现得淋漓尽致，他想要实现"剑气冲星斗，文光射日虹"击退清军，令天下大同的愿望，所以即使被逼离去，即使颠沛流离，即使期盼的是隐居山林的生活，他依然坚持领兵协同天京作战，坚持"所过之处，百姓安之"。

可惜的是，石达开这种"诛满夷之僭窃，整中华之纲常，解士庶之倒悬，拯英雄之困顿"的志向却并不能被他的下属理解。1860年6月，在石达开离开庆远，南下忻城、武缘等地之后不久，他麾下的精忠大柱国朱衣点与军略彭大顺等67名将领率领20万大军脱离了石达开，东返天京。

据《六十七将领上天王奏》中所称，他们离开翼王，返回天京的原因有三，其一是他们本以为翼王离京是奉了天王的密诏，所以就跟随翼王，如今发觉石达开意在分裂，才回返天京；其二是翼王在广西改变了太平天国的宫制礼文，有"别树一帜，另立一国"的打算；其三是"翼王一返故乡，便有归林之说"，为了拒绝回返天京，继续分裂，甚至以归隐为托辞。那么这封奏折中提到的三点原因可信吗？其实不然。

首先，石达开离开天京之时，就四处张贴《五言告示》，说明了自己率军远征的原委，并提到"依然守本分，照旧建功名"之语，可见他根本不想也不能借"天王密诏"的名义骗走士兵。其次，石达开在广西一带的经略都严格恪守太平天国爱民救民的原则，若说更改宫制礼文，反而是在天京大肆封王的洪秀全做得更为明显。最后，石达开虽然一直有归隐田园之志，但那也要在"惟期妖灭尽"之后才能"予志复归林"，如今石达开的志向尚未实现，仅以他的归隐志向说明他有分裂之心，未免也太过牵强附会了。

其实，这封奏折提到的三个原因不过是朱衣点、彭大顺等人为自己先从石达开，后投洪秀全找的借口，其中对石达开的多番抹黑也是他们向天王洪秀全效忠的投名状。他们离开石达开的真正原因，不是因为石达开"另立一国"搞分裂，而恰恰是因为石达开不肯更改太平天国的旗帜的坚持。率众返京的首领朱衣点早在白龙洞唱和中就提到了"从龙心已遂，逐鹿志犹雄"，说明他参加起义是为了"从龙"之功，希望通过作战实现封王封侯、光宗耀祖的理想。而石达开出走后既不再是名正言顺的翼王，又坚持不肯自立为帝，分封下属，无法满足部下封妻荫子的愿望，与此时在天京一口气封了上千名王侯，把皇帝的分封职权用得前无古人后无来者的洪秀全相比，自然是回返天京对这些一心求功名的将士更有吸引力，至于那所谓"心怀天国"的言辞，只看朱衣点、彭大顺等人离开广西后，先反目成仇，后投降清军的作为，就可知其真伪了。

朱衣点、彭大顺率领二十万大军离开广西回师天京，给留在四川的石达开造成了极大的困难，但是面对陆续离开的部属，石达开既没有尝试阻拦，更不曾暗图加害，正如苏双碧先生的评价所言："石达开把自己看成是天京政权的一员"，那么"部将要求反旆，回到洪秀全麾下，亦当名正言顺"。石达开用自己的实际行动信守了当初《五言告示》中他对太平军将士们的承诺——"精忠若金石，历久见真诚"。

在损失了二十万大军之后，石达开当时手中的人马只剩下了不到两万人，六十七位将领的离去，也让石达开几近无人可用，只有从起义开始就跟随他的张遂谋和赖裕新还追随在他身边。而此时广西境内的湘军也乘虚而入，加紧攻势，先后打败或招降了李锦贵、李青靛、谢必魁等天地会起义军。如此一来，留守在宾州的石达开再次陷入了孤立无援的困境，只能退守回自己的故乡贵县，在贵县收纳了天地会义军首领李福猷这一员大将后，石达开决定离开因为连年战乱而贫瘠荒芜的广西，北上入川，谋求那里丰富的粮草。

1861年9月，石达开正式离开贵县，西出横州，兼程北上，经融县、怀远冲出广西，进入湘鄂边界，往四川去，开始了他生命最后阶段的征途。

北上入川

1861年9月，翼王石达开率领四万余人的队伍离开广西进入湖南，采用避实就虚，轻装前行的策略迅速进军，在几乎没有损失的情况下穿越湖南，到达了湖北省来凤县。在这里，石达开与先行进入贵州一带作战的曾广依部会师，加上沿途收编的士兵，组成了一支全军人数超过十万的队伍，继续进逼四川，并于1862年2月17日正式挺进了四川省。

其实，石达开率领军队离开广西，取道湖南、湖北，向四川进军的路线是在继续"永安决策"中"分兵入蜀"的计划。他希望谋求被称为"天府之国"的四川成都，在成都建立根据地，一方面收获那里丰富的物产为大军提供粮草，另一方面也是抢占清军的仓库，与天京的太平军相互呼应，形成对正在长江中下游一带作战的湘军的夹击之势。

这个计划在制定的时候，是大有可为的。因为在永安决策时，四川并不是清军的布防要点，省内兵力空虚，缺乏将才，可以说是不堪一击。而且恰巧当时李永和蓝朝鼎所率领的李蓝起义军也从云南进入四川，攻下了四川的大片府县，革命形势蒸蒸日上，太平军如果在那个时候进入四川，就可以与李蓝起义军相互配合，攻下成都自然易如反掌。可惜的是，宝庆会战的失利使石达开被迫进入广西，丧失了这个千古良机，等到他们从广西再次举兵入川时，四川的形势已经发生了根本的变化。

1861年初，清政府见四川起义军势力愈大，就任命曾在长沙一战中发挥了重要作用的能臣骆秉章为四川总督，让他镇压起义，加紧布防。老奸巨猾的骆秉章在进入四川后很快就击败了起义军的主力，并在长江北岸建立防御工事，严阵以待。此时进军四川的石达开再次遇到了骆秉章这个老对手，要实现在己方没有水军的情况下渡过长江，攻打成都的目标，也就必然面临着又一轮的苦战。

1862年3月下旬，石达开率领太平军云集于乌江东岸，并就地驻军扎寨，形成了从王家渡到牛牵铺长达二百余里的连营，开始了这场著名的涪州之战。涪州知州姚宝铭见大军压境吓得手足无措，只得赶紧向四川总督骆秉章写血书请求援军，并拜托当时回乡的参将徐邦道将城内毫无组织的青壮年"编成民兵十大队"，"朝夕训练"希望能够暂时抵挡一二。

石达开到达乌江东岸后，就立即开始做木筏、扎浮桥，为抢渡乌江做准备。4月1日晚，趁着天降大雨，雷声殷殷的掩护，他派遣识水性的士兵从乌江上游的朱家嘴等处踩浅偷渡，先行过河的士兵把木筏连成了一道浮桥，大军凭此强渡乌江天险，占领了涪州城南的仰天窝、黄泥坡、大梁子及望州关一带高地，把涪州团团包围，让其成为一座孤城。

此时正在城内组织防守的徐邦道见涪州告急，自己的身家性命受到威胁，就下令坚壁清野，放火烧光城外的民房，置百姓于不顾。这场被"父母官"亲手点燃的大火烧了几天几夜，直到4月5日还没有熄灭。布置完乌江阵势的石达开来到城外，目睹了城外居民家业一夕成灰，呼天抢地的惨状，向来爱民如子的他又心痛又愤恨，当即挥笔写下了一封训谕射入城中，就是历史上著名的《翼王石达开告涪州四民谕》。

《翼王石达开告涪州四民谕》开宗明义，直言"照得爱民者宁捐身以救民，必不忍伤民而为己"，之后痛斥清军残暴无情，称"无心失火，为官者尚奔救恐迟；有意延烧，抚民者何凶残至此"，最后号召涪州城内的百姓站起来反抗清朝的暴政，并说明自己愿意为他们提供安身之处，鼓励他们投入太平军报仇雪恨，"尔四民等痛无家之可归，愧有仇而不报，诚能效沛子弟，杀酷令以归降，自当妥为安抚，不致一枝无栖"。石达开的这篇训谕全文无一字提及"天父""天兄"，不以宗教鼓动百姓，

114

而是直抒自己愤恨于清军焚烧民宅的行径，体现的尽是一片拳拳爱民之心。正如台湾学者简又文先生在《太平天国全史》中的评价，"全篇革命大义与爱民精神充分表露，不作宗教宣传之语，真是蔼然仁者之言，是可传也"。

这篇训谕感动了很多城内、城外的百姓，他们积极响应反出涪州城，投奔到翼王的麾下，并冒死保留下了告示的原件，从此世代相传。所以这篇饱含了石达开爱民之心的训谕时至今日依然保存完善，珍藏在北京的中国历史博物馆内，受后人瞻仰。

4月10日，骆秉章接到求救血书后派来救援的副将唐友耕，已革知府唐炯终于到达了涪州。唐友耕、唐炯和涪州城内的徐邦道终于会师，他们在商议下一步进军计划的时候却出现了分歧。原来，他们都被石达开"石敢当"的威名震慑，不敢贸然发兵抵挡，但是迫于军令，又不得不向太平军发动攻击，三人都不愿意与石达开正面交战，推来推去，拖延战机，最后实在无法，只能选择抓阄的方式决定进军方向——"炯拈得黄泥坡，友耕拈得龙王嘴，邦道拈得仰天窝"，才能勉强派出士兵展开回击。

三大将领率军会和，又占有城池之利，但是面对威名赫赫的石达开竟然不敢出兵，只能选择抓阄打仗，这实在是千古奇闻。而湘军的后续救援部队刘岳昭的五营人马到达后，也是驻军在江对岸的北山坪，不与石达开对战，唐炯对此还加以讽刺称"楚军畏之（石达开）如虎，自（石达开）窜蜀来，无敢撄其锋者。而刘某（岳昭）尤庸劣，贼在南岸，辄引军向北岸行，或偶到南岸，闻贼至急逐去"，但唐炯的这一番言论也不过是五十步笑百步罢了，"畏之如虎"的不仅是"刘某"，还应该加上二唐一徐才算准确。石达开的善战之名到了这个地步，也算是一个传奇了。

石达开此前的攻城虽然大获成功，清除了涪州城外的壁垒，但是因为连日大雨，天公不作美，所以始终不能进兵，也就无法取得决定性的胜利。直到4月12日，抓好了阄的清军终于开始进行反击，拈到了黄泥坡的唐炯奔赴坡下，发现大雨过后，这里一些废弃的草屋已经被淋得湿透，又看到当时刮得正烈的东北风，就灵机一动设计了一出毒计。

当晚唐炯派遣士兵纵火焚烧草屋，大雨之后的草屋被焚后产生了大量浓烟，东北风一吹，就全部聚集到了太平军的阵地中，浓烟把营地里的士兵熏得睁不开眼，清军就乘机爬上山坡，攻陷了太平军的几处阵地。

此战过后，石达开就下令撤围，放弃了围攻半月的涪州，全军往西部行进。清军的奏报因此大肆渲染自己的功绩，声称湘军"往来冲击，勇气百倍，乘胜强，据山梁"，但骆秉章为了功劳如此宣扬一阵浓烟就熏走了石达开的十万大军，也实在是贻笑大方。

其实当时石达开控制了乌江两岸，围困涪州半月，已经占尽了上风，他在这种情况下撤军西行，究其原因不过两点：第一，石达开爱惜民力，涪州城内的徐邦道又调集普通民众守城，石达开担心强攻城池会伤害百姓，所以宁愿撤军；第二，石达开攻打涪州是为了得到一个渡过长江的阵地，但是此时清军已经牢牢封锁了涪州后方的长江地区，石达开没有水军，在这种情况下从涪州渡江的目标已经基本无法实现，不如尽快撤军，去上游寻找合适的渡江地点。

4月下旬，石达开部从涪州撤离，进入巴县，因为巴县里的清军此时都被抽调去解救涪州，所以太平军一路行进，并没有发生战事。巴县的老百姓听说是石达开的军队，都知道他爱民如子，军纪严明的名声，所以在石达开率领行军队伍进入巴县一品场时，当地的居民仍旧各安其业，不惊不避，石达开的仁义之名传扬如此，一品场也从此改称为仁义场。

四战渡江

由于在涪州渡江的计划失败，石达开率领众将士沿长江西上，开始寻找下一个可以抢渡的据点，涪州西部的江津也是紧靠长江的一大渡口，但是石达开麾下并没有水军，想要渡河还需抢占清方的船只。江津因为其位置险要，早就被清军收缴了船只，即使攻下也无法渡江，所以石达开临时转变了目标，决定攻取綦河上游的綦江县城。

綦江县是一个内陆县城，按理说本不能作为渡江的据点，但是綦江县城旁的綦河却能直通长江水道，而且正因它地处内陆，没有引起清军的重视，所以綦江的船只还没有被收缴，加上石达开已经说服了綦江县内的税朝南作为内应，所以从当时来看，攻打綦江是一条充满希望的渡江之路。

可惜的是，就在石达开全军陆续到达綦江城外之前，这个天衣无缝的计划却不小心走漏了风声，綦江县的内应税朝南被斩杀，清军也加强了綦江一带的戒备，并收缴了綦河上下的船只。这样一来，石达开攻取綦江的难度就大大增加，数日围攻都不见成效，加上綦河的船只已经被扣留，从綦江县渡江的计划已经不能实现，石达开第二次渡江尝试失败，又从綦江撤军，继续西行寻找渡江的契机。

然而石达开的这番努力却并没有收到成效，继在涪州、綦江抢渡失败后，他与李蓝起义军的张正洲部合兵进取长宁的计划也因云集而来的清军宣告破产，加上此时天京主战场的太平军作战不利，清军占据优势，又调集了大批军队严锁重庆以上的长江江面，所以石达开入川四个多月，转战一千余里，渡江的希望却愈发渺茫。

面对几次渡江失败的情况，石达开却丝毫没有气馁，反而迸发出了格外的豪情。据记载，在石达开由叙永进军永宁之前，曾率领十万大军路过贵州的大定一带，当地苗族人民为了表达对这位革命英雄人物的敬仰崇拜之情，就用苗族特制的陈酒取来招待他，这种酒是用黄豆、毛稗、高粱、小米、包谷、谷子等混合酿成，盛在坛子里，需要用通心杆插入坛内饮用。

石达开得饮美酒，又感谢苗族人民的盛情款待，于是即席赋诗一首，就是著名的《驻军大定与苗胞欢聚即席赋诗》：

千颗明珠一甕收，君王到此也低头。
五岳抱住擎天柱，吸尽黄河水倒流。

这首诗对仗工整，以"千颗明珠一甕收"，赞美由多种粮食酿成的美酒，又称"君王到此也低头"，说明无论身份多么高贵，若不低头也无法将酒吸出；后两句以"饮尽黄河水倒流"比拟自己一饮而尽的场景，可谓是"辞意雄伟，吐属不凡"，极具王者风范，我们今日再读此诗，也能从中感受到石达开豪气干云的英雄气概。

几次渡江失败后，石达开分析敌我形势，认为直接渡江难度太大，于是果断放弃了继续在四川与大批清军对战的打算，决定绕道贵州，从山高水深、清军难以设防的金沙江渡河，制定了一个兵分三路过黔滇渡江，绕路攻打成都的作战计划，并在1862年10月1日，率领全军离开四川进入了贵州境内。

石达开的这个绕路渡江的计划取得了显著成效，远征军的兵分三路，也让兵力空虚的贵州清军首尾不能相顾，借着清军左右为难，不知向何处追击的空隙，石达开率领本军从贵州进入云南，于11月下旬绕回四川，出其不意，攻其无备地打下了川南的筠连、高县、双龙场、玉皇楼等地，占据了横江两岸为营，打算在这里坚守到来年春天江水大涨之时，顺流抢渡金沙江。

骆秉章在听到石达开占据横江的消息后大为恐慌，马上了调集川军唐友耕、熊浣章部，川军杨发贵部，湘军刘岳昭、胡中和部等各路大军前来救援，让他们不惜一切代价，在来年春天涨水之前必须攻下横江，阻止石达开渡江。

1863年1月8日，见各路清军纷纷赶到，石达开兵分三路主动出击，拉开了这场横江大战的帷幕。石达开借助自己居高临下的地理优势设立炮台，向清军发射炮火、滚石、长木，杀得清军损兵折将；又坚守阵地，牢牢驻扎在横江两岸，还在双龙场增设营垒，以逸待劳，灭杀清军。经过二十多天的激战，先后击毙了游击胡万浦、涂振南、胡得元，都司胡东山、卜修明、秦龙麟，守备李正才、罗辉四、匡惟喜等清军将领，取得了初步的胜利。

照这种情势来看，石达开扼守阵地，渡过长江的目标已经近在眼前，可惜就在这个关键时刻，他在入川以来不加分别大量招募新军的弊端终于暴露——防守严密的大营内部出现了叛徒。

1月30日，清将胡中和从内应口中探得了一条通往太平军营垒的小道，从这里偷偷进军，向太平军的营房投掷火药弹，引起了营内的慌乱，之后新加入太平军的郭益集与冯百年率领部下3000人公然叛变，放火点燃了大军指挥部所在的双龙场，使得指挥作战的石达开腹背受敌，疲于应付，被湘军乘虚而入，两队人马内外夹击，横江大营最终被攻破，石达开只能将部队从横江一带全部撤走，退入云南境内。

石达开进入云南后吸取了在横江大战失败的教训，一方面严格把关，慎重招兵，另一方面注重隐藏自己的真正意图，避免引来大量清军的堵截。1863年4月，石达开决定跟随自己当初分成三路兵马之一的赖裕信部，从米粮坝渡过金沙江，前往四川宁远。于是集结部队，定下了声东击西的计谋，命令大将李福猷率领三万余人假称翼王亲军，大张旗鼓地向贵州进军，作出太平军主力想要向东部进军湖南的假象，吸引了清军的注意力，石达开则率领真正的主力精锐四万多人在不几乎费一兵一卒的情况下渡过金沙江，攻破了清军严防死守的长江天险，往成都方向前进。

石达开进入四川后为了渡过长江，先打涪州失败，后进綦江不成，再攻长宁仍不得手，到严防横江等待春水涨潮也因清军里应外合而被迫撤军，最后剑走偏锋声东击西，反而在第五次尝试中取得了意想不到的成效。耗时了一年半的石达开终于在1863年4月15日突破长江防线，深入了四川腹地。此时，石达开攻下天府之国成都，缴获粮草支援天京的目标已近在眼前，可是正兴高采烈渡江的兵众们并不知道，他们渡河目标的达成，却也是踏上绝路的开始。

第五章　英雄末路

大渡水寒

石达开率领四万军队从米粮坝渡过金沙江，于5月1日，进占宁远，驻军在河西的樟木箐，并在这里扎营，击退了宁远的数千清军。稳定局势后，石达开接见了前来献策的当地居民赖由诚，向他询问北上成都的道路。

据赖由诚所言，想要进军成都就必须先过大渡河，他建议石达开所部从清军没有设防的小路进军，经冕宁、大桥、拖乌等地后，在大渡河边的紫打地（后改名为安顺场）渡河。石达开多番考量后接受了赖由诚的建议，并以他为向导，经冕宁小路，在5月14日清晨，抵达了波涛汹涌的大渡河畔。

大渡河位于四川省西部，是岷江水系最大的支流，它发源于青海省的果洛山，是典型的山区河流，河道左傍金山、二郎山、大相岭，右倚贡嘎山、小相岭，两岸雪山连绵，每到化雪季节，就有大量冰雪溶水注入，加上这里河床不平，河道狭窄，所以常出现河水暴涨暴落的现象。汹涌而下的水流卷起阵阵白浪，发出巨大轰鸣，只能靠铁索和少数渡口过河，所以自古以来就有天险之称，后来毛泽东率领红军长征途中路过此地，还留下了"大渡桥横铁索寒"的诗句。

石达开当时行军的目的地叫做紫打地，这里北边濒临大渡河，西边靠着松林小河，东面是1600米高的营盘山，南面是更加高耸入云的马鞍山，四面皆有险地，正是《孙子兵法》中提到的"山川险隘进退艰难，疾进即存，不疾进则亡"的绝境。

大渡河畔翼王亭

石达开本来想迅速从这里渡过大渡河，北上直逼成都，实现他谋图四川威胁清军的目的，他现在已经赶在清军没有防备之前率先抵达紫打地，占据了地利；手下的太平军刚刚胜利渡过金沙江，也是士气大振，占尽了"人和"，可惜石达开的这一番谋划偏偏因为"天时"不作美而陷入了绝境。

1863年5月14日，带领太平军抵达大渡河北岸紫打地的石达开探知到对岸尚且没有守军，于是当天便造筏准备明日渡河。可是就在太平军做好准备即将渡河的当晚，突然天降大雨。这场滂沱的大雨一直持续到第二天，浇得大渡河水上涨数丈，波涛滚滚，也浇灭了太平军渡河的希望。忧心于水势的石达开从向导那里得知大渡河的涨水期还在一个月后，这次涨水只是因为山洪突发，过两天就会消退的消息才暂且放心，下令原地扎营休息三天，并派人继续征集船只，编造竹筏准备渡河。

天降的暴雨把石达开多留了三天，也正是这短短的三天改变了整个战局。在这三天里，骆秉章得到了太平军即将渡河的消息，从而调派援军迅速做出了布防：川军总兵唐友耕、雅州知府蔡步钟率领八千人防守大渡河北岸，阻止太平军渡河北上；番族土司王应元带着当地的兵勇扼守紫打地西边的松林小河，截断太平军从西边前往泸定的道路；南字营都司王松林率兵驻守南部的马鞍山一带，防止太平军从南部退往宁远；越西同知周歧源、参将杨应刚、土司岭承恩率领彝族和汉族的两队人马从竹马岗北上，切断太平军向东的退路。如此一来就把紫打地团团包围，使石达开急速行军的优势丧尽，反而陷入了四面楚歌的绝境之中。

　　面对四面八方的清军，石达开并不急躁，因为他知道只要能够顺利渡过大渡河，那么其他三面的清军根本无法追击，而渡河之后，他直指四川的剑锋也就再也无人可以克制，所以他积极鼓励将士，排兵布阵，为之后的渡河做出万全的准备。

　　5月21日，雨过天晴，大渡河的水位也已经下落，石达开在这一天挑选出了五千名精锐，利用这些天做好的木船与木筏，大举渡江。这些兵士不惧对岸清军射来的枪炮，乘风踏浪，一往无前，冲过了波涛起伏的河心，可是就在他们即将靠近对岸的时候，河水突然再次暴涨，滚滚而来的洪水打翻了大部分船只，仅存的船只，也被激流冲往下游，渡河的尝试再一次失败。这一战，五千精锐无一生还，整体战局也从此急转直下。

　　两次的河水暴涨仿佛是老天想要断绝太平军的生路，在丧失了战机又损失了五千名兄弟后，石达开痛定思痛，见大渡河的水势已经不适宜渡河，担心情况进一步恶化，决定向西抢渡松林小河，先转移大军再图成都。

　　翌日，石达开亲自督率士兵，在松林河处抢渡。松林河本来是一条浅水小河，枯水季节甚至可以直接涉浅过河，但是大渡河高涨的水势也使得松林河水位上升，加上松林河里沟壑水石众多，奔流的洪水在河心形成了深沟漩涡，手握竹竿紧紧相依渡江的太平军一旦一人跌倒，其他人也会随之跌下深沟，被水涡卷走。这时候在河对岸驻扎的番族土司王应元也带兵两千在对岸阻挡，即使勉强过河的士兵，也因为寡不敌众，惨遭杀害。在对岸督军的石达开眼睁睁看着自己的亲信将士先被河水卷走，后遭敌人屠戮，血战一天也不见成效，只能强忍悲痛撤军沿河而上，再寻突破。

5月23日，石达开移兵至松林河口以上十里的磨坊沟，开始了第四次渡河尝试，因为这里滩浅面窄，船只无法进行，石达开只能派遣识水性的士兵泅水渡河。数百将士在水中奋勇向前抢夺出路，可是因为河水汇入了上游融化的雪水，冰寒彻骨，将士游了一段时间就手脚麻木不灵，大部分被急流冲走，即使艰难游到对岸的士兵，也被以逸待劳的清军杀害。

四次抢渡都以失败告终，为了打破围困，石达开在6月3日大会诸将，与大家一起商讨接下来的出路。在这场石达开主持的最后一场集会中，石达开没有提及天降暴雨的阻碍，只把一切责任归于自己指挥不当；他也不谈自己殚精竭虑以求保住诸军的辛劳，只说："吾起兵以来十四年矣，跋险阻，济江湖，如履平地……重烦诸君，血战出险，毋徒束手受缚，为天下笑。"

当天深夜，深受主帅激励的太平军发起了最后一次抢渡，他们分兵三路，两路抢渡大渡河，一路抢渡松林河，全军奋勇向前，冲锋陷阵，先与激流搏斗，后与清军搏杀，不畏战死，血拼到底。可惜的是河水水位未退，波涛汹涌，将士们人难胜天，三路抢渡最后还是失败了。

4日清晨，得知消息的石达开悲痛万分，此时当初跟随他到达紫打地的四万将士已经折损过三万，他身边留下的只有最后的六千士兵，渡江已经彻底无望，石达开于是在6月9日带领剩下的六千兵马离开紫打地，想要最后一搏，从利济堡突围。

可是等到10日晚间他们到达利济堡时，才发现拦在面前的老鸦漩也水位大涨，已经成了一片汪洋。这时候的石达开所部，前有河水拦路，后有追兵将至，加上连日被围困，"无处掠取粮米，至摘桑叶，掘草根，杀马骡为食"，陷入了彻底的绝境之中。突围的希望断绝，剩下的六千将士悲愤填膺，热泪长流，下定了背水一战，全军战死的决心——"不胜则主臣赴彼清流，断不受斧钺辱"。石达开的妻妾三人为了消除他最后决战的后顾之忧，怀抱两名幼子投水自尽，挥泪与亲人永诀后的石达开，也决心一死，题壁明志称："纵死峨江定不降。"

然而，抱定了必死决心的石达开看着身边也打算慷慨赴死的六千将士，却陷入了犹豫。大渡河兵败，本是天要亡太平军，不是作战之罪，石达开明白自己若是率领全军血战到底，即使全军覆没也固然可以名留青史，成为佳话，他自己是不惜一死的，然而这些跟随他出生入死的将士却又何其无辜？

爱护部属的"义王"石达开在几番徘徊后最终决定与清军谈判，舍一己生命以保全三军。在流传甚广的《翼王石达开致

128

清朝四川总督骆秉章书》中，还留有他"大丈夫生既不能开疆报国，奚爱一生，死若可以安境全军，何惜一死"，"达开愿一人而自刭，全三军以投安。虽斧钺之交加，死亦无伤，任身首之分裂，义亦无辱"等只言片语，让我们可以从中一窥他的良苦用心。

石达开从幼时立下的誓死反清的志向，在14年征战中决战到底的坚持，没有因兄弟主公的背叛猜忌动摇，没有因清军许诺的高官厚禄动摇，没有因情理皆全的招降书信动摇，没有因大军围困的性命之危动摇，最后，却为了六千将士的性命，被石达开自己亲手斩断。"起兵以来十四年，跋险阻，济江湖，如履平地"，一生从未低头的石达开，最终选择了自投清营，他放弃了自己的生命、自己的尊严以及生前身后的名誉，宁愿"束手受缚，为天下笑"，只为了保全这些跟随他南征北战直到绝路的六千将士。石达开没有辜负他"义王"的名号，他的这一片心意，"上可对皇天，下可质古人"。

6月11日，石达开至洗马姑与清军将领王松林、杨应刚谈判，谈判后，石达开遣散了四千太平军，让他们各寻其所，剩余的两千人，不缴军器，移驻大树堡。当日，石达开率幼子及少数部将随杨应刚而行，却被一心邀功的唐友耕强行夺俘，石达开和其子石定忠，部将曾仕和、黄再忠、韦普成都被掳走。石达开自此与余众两千人失去联络，被押往成都，这两千名士兵最后大多被清军所杀，他舍弃名声性命想要保全的六千人，最后也只留下了四千。

慷慨就义

1862年6月18日，石达开和他五岁的儿子石定忠，部将曾仕和、黄再忠、韦普成五人被清军将领唐友耕押解前往成都。

在人生这最后一段路途中，石达开表现得异常从容，他带着儿子坐轿前行，依旧着太平天国的旧时衣冠——身穿黄缎龙袍，脚踩黄缎靴，头戴黄风貌，神情泰然，气宇轩昂。当时沿途的百姓见石达开被押解经过，都因为听说过他爱民如子的美名而争相跟从，瞻仰翼王的风采；各处的地方官也都因为石达开有"石敢当"的赫赫威名，所以对他又敬又怕，尽力款待，不敢有丝毫的轻慢。

6月25日，石达开终于被押送到成都，四川总督骆秉章听说"满朝皆惧"的翼王石达开在大渡河被擒，自己立下了这等大功，早已经按捺不住，当即开始私下审讯石达开。

据记载称，骆秉章一见石达开，便直接问说："你想要投降吗？"

已经做好了舍命保全军打算的石达开答道："我来求死，也为士卒请命，若得允许，我在九泉之下也会感念你的恩义。"

骆秉章见石达开竟无投降之念，就再次发问道："听说你曾经打算投水自尽，如今难道不是来投诚活命的吗？"

石达开回答："我因要救众军不敢自尽，所以前来乞死以活将士。"

石达开在第一次受审中与骆秉章的这番对答不卑不亢，大义凛然，没有一字为自己考虑，没有一词有苟活求生的念头，只一心记挂着手下将士的安危，充满了"求荣而事二主，忠臣不为；舍命以全三军，义士必作"的慷慨气概。

骆秉章第一次劝降石达开失败后并没有放弃，而是很快又与主管四川、西藏军务的成都将军崇实再次审问石达开。

在第二次审问中，骆秉章以唐友耕的例子诱降石达开说："你若归降，可以先授武职，等立了功劳之后，立刻越级提升。你不见唐提督么？他投诚不到六年，已经官至一品，他的手下以前都是盗匪，现在却做到副将、参将、游击。你无论学识武功都远高于他，本朝深仁厚泽，从不杀降，你不要自暴自弃，丧失这等良机。"

石达开听后却并没有直接拒绝，只说："我的旧部将士有五百多人，均是患难之交，不和他们商议我不能独自决定，所以请把他们送到成都和我相见，再作决议。"

跟审的崇实一听，大惊说道："五百人？这么多人怎么能都来成都？"

石达开这才抬头直视崇实讽刺："五百人你尚且嫌多，如今

（劝我投降）又将我所部成千上万将士置于何处？"堵得崇实无言以对，"气沮语塞"而退。

骆秉章连续两次劝降失败，碰了一鼻子灰，然而却实在看重石达开战功赫赫的威名，想要石达开为他剿灭云南的回民起义，于是又令能言善辩的朱洽孙再次对石达开进行劝降。

石达开经过了两次招降，此时一见朱洽孙又来反而笑了，问他道："昔日曾与你在湖南见过面，但迄今尚不知道你是哪里人？"

朱洽孙见石达开对他和颜悦色还以为劝降有路，赶紧回答："我是扬州人。"

却不料石达开得到答案后当即正色而问："那你可曾读过《十日记》？"只羞得朱洽孙满脸通红，掩面而去。

原来，昔日清军入关曾经在南方做下惨无人道的大屠杀，有"扬州十日""嘉定三屠"之罪孽，朱洽孙身为扬州人却忘却祖辈的屈辱仇恨，为清廷卖命，石达开听出他的口音，恨其软骨，又不愿意再为拒降而多费唇舌，于是直接用《扬州十日记》作答，使得朱洽孙"降未劝成，反大讨没趣"，也只得速速退走。

骆秉章本来还派了刘蓉、杨重雅想三审石达开，然而此时石达开已经从狱卒的口中得知了两千余部在大树堡被杀之事，愤恨难当，目眦尽裂，上来便怒斥清军背信杀俘，后拂袖而去。骆秉章见劝降彻底无望，只能令石达开上堂接受公审，为他定罪。

6月27日，骆秉章、崇实、刘蓉、杨重雅等人正式在四川总督府大堂会审石达开，当时署内署外，刀枪林立，堂上堂下，警卫森严。

石达开带着曾仕和、黄再忠、韦普成三名部属从容上堂，镇定自若地穿过戒备森严的衙吏，步履不急，神情不慌，衣冠不乱，一身王者之气也丝毫未改。石达开立定之后，看着堂前摆放的四个跪垫，只一甩衣摆，便在上面盘膝而坐。周围的差役被石达开的威势所慑，面面相觑，竟没有一人敢逼令他下跪。

成都将军崇实经了石达开上次的讽刺后仍心有余悸，又见他在堂下昂头怒目，一时之间竟然说不出话来，"音低，不知做何语"，狼狈不堪。骆秉章见此情景，只好亲自出马，想以清军在长江一带的胜利来杀石达开的威风，因而说："你可知道，官军已经收复了苏州、杭州，江宁指日可下，从此不但四川太平，天下亦太平。"石达开听此噩耗却并不激愤，只淡然道："我所朝夕祷祝的，便是天下太平。"

骆秉章后来又多番逼问石达开的作战旧事，石达开"词句不亢不卑，不作摇尾乞怜语"，痛斥清廷丧权辱国，惨无人道，后来甚至开始品评清方的著名将帅，对"当世诸将负盛名者皆加贬辞"，连堂上坐着的崇实和骆秉章等人也被他刺得无言以对，石达开看不起拘捕了他的骆秉章，却对曾经败在他手里的曾国藩青眼有加，认为"曾文正公虽不以善战名，而能识拔贤将，规画精严"，这个评价在今天看来也是客观可信的。石达开在堂上对敌人的询问反诘"应答不穷"，竟在这杀气森森的审讯堂上，再次展现了他指点江山，纵论天下的磅礴气势。

他的这一番言辞不仅惊呆了两旁侍立的差役，连堂上一些官员都为之动容。主审的骆秉章难以下台，只能以处死他相威胁道："你从起义以来蹂躏数省，我方的封疆大吏先死在你手里的就有三个人，如今你即将被杀，也没什么可遗憾的了。"

石达开闻听却起身大笑道："俗话说，成者为王败者为寇。今生你杀我，怎知来世我不杀汝耶！"于是从容就绑，前往刑场。

行刑当天天色昏暗，密云不雨，成都的百姓听说翼王要被杀，纷纷叹息哀泣，聚集了数万之众前来瞻仰他最后的风姿。石达开登上刑台时，从容镇定，步伐稳健。他的部将曾仕和、黄再忠在左右侍立，仍然说"请主帅先行！"石达开遂放步而上，昂然赴刑场，接受一百二十刀的凌迟极刑。

酷刑开始后，部将曾仕和不能忍受痛楚，惨呼出声，石达开当即回头正色道："何遂不能忍此须臾？当念我辈得彼，亦正如此可耳"，石达开自己则"临刑之际，神色怡然"，毫无畏缩胆寒的姿态，至死亦默默无声，未发一句惨呼。让身为地主文人的周洵也不由感叹"真奇男子也"。

1863年6月27日，一代英豪"奇男子"石达开在成都慷慨就义，其从容赴死之时，年仅32岁。

英雄逝于一旦，但余响可留千秋，石达开虽然慷慨就义，但是他反清起义，爱国救民的革命精神却流传千古，对后世产生了深远的影响。

石达开自广西起军反清，一路斩杀贪官污吏，救助无辜百姓，后来他率军西征，足迹遍布大半个中国，在这期间，他一直秉持着初衷，把革命的火种播撒到全国各地。所以在他身后数十年，仍不断有人受他影响，打他的旗号从事反清活动和革命运动，动摇了清王朝封建统治的基础。

在石达开离世四十多年后，"西风洋雨"的侵蚀终于动摇了这个他曾经极力想要推翻的政权，仁人志士纷纷奋起谋求救国之路，资产阶级推行的戊戌变法和辛亥革命先后兴起，而无论是"改良派"的梁启超还是"革命派"的高天梅都通过诗歌、小说、绘画等各种媒介宣传他的事迹，甚至伪造石达开遗作以"激励民气，号召志士，鼓吹革命"。1912年，中华民国建立，统治中国长达两百多年的清王朝终于灭亡，石达开的毕生所望最终在他另一种形式的帮助下实现了。

1934年秋，坐落在广西贵港的翼王亭正式竣工，白崇禧作

《翼王亭记》，以"安得抱民族主义之豪杰若翼王者，起而力挽狂澜哉！"之句为翼王石达开的千秋功绩盖棺定论，并由李宗仁题匾"还我河山"，劝勉后世之人，怀想卫国图存之道，奋勉求进。

石达开壮怀豪情，戎马为民的功绩，以这种形式留存，高悬于亭上，而他的一生也正如居正的献词：

> 不饮黄龙血，人头作酒杯。
>
> 破家还汉业，揽辔轶群才。
>
> 羽翼原无忝，豆萁实可哀。
>
> 蜀山雏不逝，魂魄好归来。

后记

"六朝旧事如流水"，历史长河浩浩汤汤，总是一往无前，然而大浪淘沙，总会留下一些金石值得我们珍藏；时光流逝，也有一些英雄值得我们铭记——翼王石达开就是这样一个英雄。

昔年郭沫若作《甲申三百年祭》，祭的不是李自成，而是李岩，因为李自成只是明朝末年那场民众运动的领袖，李岩却可以称为那段历史的灵魂。真正的英雄不一定为君为帝，指引历史，但一定带有着那个时代最宝贵的精神，才更让我们牵挂惦念。石达开重情重义，一生戎马，誓反清廷，救助万民，在他只有三十二年的短暂人生里迸发出无限光芒，点亮了那个黑暗无望的时代。所以若要为太平天国也做一篇祭文，那么翼王石达开当书半纸。

历史需要英雄，但不需要完人，石达开不是完人，他也会在遭受猜忌后愤懑难忍，会在兄弟被杀后悲伤失措。很多人说石达开有将帅之才，有经国之能，但没有做君王的气度谋略，这种评价是有一定道理的，石达开肩上的"义"字太沉，所以把他囚成了臣，他的重情重义是优点，也是弱点，这是他的不足之处，但指责石达开是分裂主义的言论我却实在难以认同，只看他出走天京与舍命全军的两次内心斗争，他表现出的忠贞义气就已经足以令后人铭记。

在全文的写作过程中，我参阅了大量原版记录还有罗尔纲先生、史式先生、牟安世先生、苏双碧先生、王庆成先生、黄剑锋先生、镝非先生等多位前辈搜集的口碑资料和研究成果，想罗尔纲先生实事求是的治学精神，史式先生几次实地考察的态度，还有诸位前辈精益求精的研究，我实在心怀敬仰，感激非常。前人考据，后人受益，我从前辈那里受益匪浅，在这里特别致以深切的谢意。同时，因翼王历史资料很多佚亡，又因立场原因说法不一，有些地方存在争议，我只能酌情选录，若于史实略有出入，还请海涵。

最后，感谢在我写作过程中给了我支持和帮助的家人、朋友、老师和编辑。给历史人物做传本就是为了纪念，希望因此能有更多人了解我们国家的历史，铭记我们民族的英雄。

石达开年谱

1831年　出生

石达开出生于广西贵县（今贵港市）北山里那邦村，客家人，原籍广东和平县。父亲石昌辉，母亲周氏为壮族人，有两妹一姊，无兄弟。

1839年　8岁

石达开幼年丧父，八九岁起独撑门户，务农经商之余，习武修文不辍。

1844年　13岁

石达开处事已有成人风范，因侠义好施，常为人排难解纷，年未弱冠即被尊称为"石相公"。

1847年　16岁

正在广西以传播基督教为名筹备反清起义的洪秀全、冯云山慕名来访，邀其共图大计，石达开慨然允诺。

1851年　20岁

石达开毁家纾难，率四千余人参加金田起义，被封为左军主将。

12月17日，洪秀全在永安封王建制，封石达开为翼王，意为"羽翼天朝"，号五千岁。

1852年　21岁

西王萧朝贵在湖南长沙阵亡后，太平军在长沙城下陷入清军反包围，形势万分危急。石达开率部西渡湘江，开辟河西基地，缓解了太平军的缺粮之危，又多次击败进犯之敌，取得"水陆洲大捷"，重挫清军士气。其后，他为全军先导，经河西安全撤军，跳出包围圈，夺岳阳，占武汉，自武昌东下金陵，二十八天挺进一千八百里，战无不胜，攻无不克，令清军闻风丧胆，号之曰"石敢当"。

1853年　22岁

3月，太平天国定都金陵，改名天京，石达开留京辅佐东王杨秀清处理政务。

秋，石达开奉命出镇安庆，节制西征，他打破太平天国以往重视攻占城池、轻视根据地建设的传统，采取稳扎稳打的策略，逐步扩大根据地范围，亲自指挥攻克清安徽临时省会庐州（今合肥），迫使名将江忠源自尽。

1854年　23岁

夏秋，石达开命人仿照湘军的船式造舰，加紧操练太平天国的水师。在湘军兵锋直逼九江的危急时刻，石达开再度出任西征军主帅，亲赴前敌指挥。

1855年　24岁

年初，石达开在湖口、九江两次大败湘军，湘军水师溃不成军，西线军事步入全盛。

秋天，石达开又挥师江西，得到江西百姓争相拥戴。

1856年　25岁

3月，石达开在江西樟树大败湘军，至此，湘军统帅曾国藩所在的南昌城已经陷入太平军的四面合围，对外联络全被切断，可惜石达开在此时被调回天京参加解围战，虽然大破江南大营，解除了清军对天京三年的包围，却令曾国藩免遭灭顶之灾。

9月，"天京事变"爆发，石达开在前线听到天京可能发生内讧的消息，急忙赶回阻止，但为时已晚。北王韦昌辉把石达开反对滥杀无辜的主张看成对东王的偏袒，意图予以加害，石达开逃出天京，京中家人与部属全部遇难。石达开在安徽上书天王，请杀北王以平民愤，洪秀全见全体军民都支持石达开，遂下诏诛韦昌辉。

11月，石达开奉诏回京，被军民尊为"义王"，他坚持不受。他积极整顿朝务，内讧造成的被动局面逐渐得到扭转，但天王见石达开深得人心，心生疑忌，对石达开百般牵制，甚至意图加害。为了避免再次爆发内讧，石达开不得已于1857年5月避祸离京，前往安庆。

1857年 26岁

9月，洪秀全迫于形势的恶化遣使持"义王"金牌请石达开回京，石达开上奏天王，表示无意回京，但会调陈玉成、李秀成、韦俊等将领回援，并以"通军主将"身份继续为天国作战。此后，石达开前往江西救援被困的临江、吉安，拥戴他的安徽太平军将领大都留守安徽。因没有水师，无法渡过赣江，救援行动失败。

1858年 27岁

石达开进军浙江，并联合国宗杨辅清（杨辅清被封为国宗）进军福建，欲开辟浙闽根据地，与天京根据地连成一体。太平军在浙江取得许多胜利，但江西建昌、抚州失守后，入浙部队失去了后方，为免四面受敌，石达开决定放弃攻浙，撤往福建，后又转战到江西。石达开牵制了大量清军，为太平军取得浦口大捷、二破江北大营、三河大捷等胜利创造了有利条件。

冬，石达开经与部将会商，决定进攻湖南，取上游之势，再下趋湖北，配合安徽太平军作战，并伺机分兵入川。

1859年　28岁

春，石达开自江西起兵入湘，发动"宝庆会战"。之后面对湘军的重兵驰援，石达开孤军作战，未能攻克宝庆，被迫退入广西休整。

1862年　31岁

年初，石达开领军经湖北入川，意图夺取成都，建立四川根据地。

1863年　32岁

4月，石达开兵不血刃渡过金沙江，突破长江防线。

5月，太平军到达大渡河，怎奈气候无常，多次渡河均失败。面对前有洪流后有追兵的绝境，石达开决心舍命以全三军，自己与清军谈判。被捕后，他多次拒绝清军的劝降。

6月27日，石达开在成都公堂受审，慷慨陈词，令主审官崇实理屈词穷，无言以对，而后从容就义，临刑之际，神色怡然，身受凌迟酷刑，至死默然无声，观者无不动容，叹为"奇男子"。石达开是不折不扣的少年英雄。